幼儿园体育材料设计与运用150例

汪超◎著

中国轻工业出版社

图书在版编目（CIP）数据

幼儿园体育材料设计与运用150例／汪超著．—北京：中国轻工业出版社，2015.12（2023.11重印）

ISBN 978-7-5184-0808-5

Ⅰ.①幼… Ⅱ.①汪… Ⅲ.①幼儿园-体育活动-体育器材-研究 Ⅳ.①G613.7

中国版本图书馆CIP数据核字（2015）第311329号

责任编辑：王慧超
策划编辑：高　君　　　　　责任终审：腾炎福
责任校对：刘志颖　　　　　责任监印：吴维斌

出版发行：中国轻工业出版社（北京东长安街6号，邮编：100740）

印　　刷：三河市鑫金马印装有限公司

经　　销：各地新华书店

版　　次：2023年11月第1版第5次印刷

开　　本：710×1000　1/16　印张：15

字　　数：150千字

印　　数：11001—13000

书　　号：ISBN 978-7-5184-0808-5　定价：38.00元

读者热线：010-65181109，65262933

发行电话：010-85119832　传真：010-85113293

网　　址：http://www.chlip.com.cn　http://www.wqedu.com

电子信箱：1012305542@qq.com

如发现图书残缺请拨打读者热线联系调换

231852Y1C105ZBW

前　言

当人类把眼光投向大自然，开始学会运用身边的各种物质材料来谋求更大的生存空间，开始运用智慧不断地改造各种物质材料，人类的历史就此发生了质的变化。人类总是不断地探索、认识其所在的这个世界，不断地发现、利用、改造这个世界原本就存在的各种资源，不断地发明、创造出各种供人类在这个世界更好地生存的物质基础，从而使得人类的历史如此辉煌。

整个人类历史的发展也是依托于物质材料的不断发展。物质材料的发展是整个人类社会文明进化的里程碑，文明的每次进步都因物质材料运用的突破而得以实现。人类在与物质材料互动的过程中学会使用、创造材料，同时材料给人类认识世界、改变思维模式、拓展思维空间以及放飞梦想以获得更大的发展带来了直接的影响。

对物质材料的更多操作与使用、更多发现与创造，也潜移默化地改变着人的特质。人的双手因此变得更加灵活、协调，人的身体因此变得更加强壮、有力，人的认知因此变得更加广泛、深入，人的思维因此变得更加敏捷、开阔。

如同人类的发展史，人的成长过程，也永远离不开"材料"这一重要伙伴。儿童早期通过物质材料的刺激使得大脑快速发育、身体快速成长、认知快速增长。物质材料对于幼儿而言，就如同一本本有趣的书，可以让他们饱含热情、满怀好奇以及投入无限的精力去阅读它们。物质材料是儿童自我发展的重要条件，是教育儿童的不可或缺的手段。

无论何种学前教育理论，都强调物质材料在幼儿成长与幼儿教育中的重要作用，都对材料的形态和功能给出不同的解释和赋予不同的教育意义。

在幼儿园体育活动中，体育材料一直以来都占据着重要位置。孩子们对体育材料表现出浓厚的兴趣，他们或独自运用小型的体育材料，或合作使用大型的运动材料；或自发地玩耍，或在教师的带领下进行各种集体的体育活动，这些无不体现出材料在各种体育活动中的魅力。

那么什么是材料？什么是体育材料？体育材料与其他教育材料又有怎样的区别？体育材料对幼儿的发展起着怎样的作用？哪些体育材料才是幼儿需要的？体育材料在幼儿园教育中又起着怎样的作用和处于何种地位？幼儿教育工作者应基于何种教育理念来设计和运用体育材料？体育材料与现实生活、社会文化、主题教育之间存在着怎样的关系？

在回答这些问题之前，首先让我们回到学前教育的原点，来寻找体育材料在幼儿园活动中的特殊地位与作用。幼儿园教育作为整体教育的一部分，表现出明显的特殊性。幼儿的年龄特点决定了这个阶段的教育所采取的一切教育手段必须符合幼儿的需求，满足幼儿在成长过程中的需要。学前教育应达成何种目标，教育的形式如何突显学前教育的特点，内容的选择如何符合幼儿的需求及社会的期望……对于这些问题，幼儿教育工作者一直在孜孜不倦地寻求答案。

陶行知先生的生活教育理论强调"生活即教育""社会即学校""教学做合一"的基本理念。其中，"生活即教育"是生活教育理论的核心，是指生活决定教育的目的和内容、教育的方针和政策、教育的方法和手段。"社会即学校"是生活教育理论的另一个重要主张，强调扩大学校的教育范围。"教学做合一"是生活教育理论的教学方法论，它的核心是"做"，是指无论"学"还是"教"都不能离开"做"这一核心。他还要求"教学做合一"必须"在劳力上劳心"，即"手脑并用"。陶行知先生的生活教育理论在学前教育中有着独特的价值，更加符合幼儿教育的阶段性特点。

张雪门先生依据陶行知先生的"教学做合一"思想，在学前教育中将其转化为"做学教合一"的思想。他认为："在幼儿时期，一种知识的获得，应该以直接经验做基础，再来扩充间接的经验，这样才能够融会贯通。"张雪门先生的行为课程理论强调，儿童在各种活动的实际操作中所表现出来的行为能力才是幼儿教育的核心内容。他的行为课程理论更加突显了"做"在幼儿教育中的核心地位,对于当今学前教育的改革及幼儿园的实际操作有许多有益的启示。

陈鹤琴先生提出了"整个教学法"。他认为:"整个教学法,就是把儿童所应该学习的东西整个地、有系统地去教儿童学。"因为学前儿童的生活是整个的,学前儿童的发展也是整个的,外界环境也是以整体的方式对儿童产生影响的,所以为儿童设计的课程也必须是整个的、互相联系的,而不能是互相割裂的。儿童在早期的发展中,其所有的行为能力几乎都是并行的,都是最基础、最基本的需求。因此,"整个教学法"给幼儿教育提出了更加明确的教育方向。

瑞士心理学家皮亚杰也在其学前教育建议中提出,要注重儿童主动、自主的活动,强调儿童游戏的本能性,强调以儿童游戏为基本活动内容;要为儿童提供实物,鼓励儿童自我操作、自我探索。

《3—6岁儿童学习与发展指南》(以下简称《指南》)中第一条就强调要关注幼儿学习与发展的整体性。儿童的发展是一个整体,因此教师要注重活动领域之间、目标之间的相互渗透和整合,促进幼儿身心全面协调发展,而不应片面追求幼儿某一方面或某几方面的发展。此外,《指南》健康领域也强调要为幼儿准备多种体育活动材料,鼓励幼儿选择自己喜欢的材料开展活动。

通过解读以上著名学者的观念、理论以及国家的纲领性文件,我们不难发现,注重幼儿早期自我不断生长、成熟的需求,注重幼儿自我兴趣的满足,注重幼儿各种基础能力的平衡发展,已经是人们的一种共识;注重幼儿在生活中、实践中及各种活动中主动、自主的操作与探索,促进幼儿的整体发展,已经是人们的一种普遍观念。那么在幼儿园教育中,设置何种课程体系才能更好地体现出这些教育理念,才能体现出幼儿教育的特色,促使幼儿通过更多的体验与感受获得更多有益的知识、经验与能力,既能满足他们与生俱来的因生物内趋力而产生的需求(即"动则快乐"),又能满足他们对世界的好奇之心,还能促进他们身体的大肌肉运动和精细动作的发展呢?我们可以清晰地看到，开展综合性体育活动是幼儿园最合理的教育模式，而运用体育材料开展的各种活动是实现这种教育模式的重要途径之一。

本书以《幼儿园教育指导纲要（试行）》（以下简称《纲要》）及《指南》为主要依据，结合当前各种新的教育理念和最新的研究成果，从现实出发，对幼儿园体育材料进行了系统的分析。本书尽可能做到理论联系实际，期望能为幼儿教育工作者提供新的思路及实际操作的方法。

本书分为两大部分，即理论篇与实践篇。理论篇中，第一章对材料和体育材料的概念进行了界定，对幼儿园体育活动中材料的作用及地位进行了分析，同时进一步阐明了材料与幼儿、环境、教师、课程的关系。第二章从四个角度就材料对幼儿发展的具体作用进行了分析。第三章对幼儿园体育材料提出了多种分类方法，进一步帮助幼儿教育工作者了解幼儿园相关的体育材料。幼儿园体育材料的选择与投放是教师面临的一大难题，因此第四章主要分析了幼儿园体育材料存在的现实问题，对幼儿园体育材料存在的不良现象进行了分析。第五章和第六章主要对幼儿园体育材料的选择与制作提出了一些想法，对幼儿园自主性体育活动中材料的投放提出了一些建议。实践篇则从专属性体育材料与非专属性体育材料两个角度出发，对 11 种材料进行了分析，以幼儿的不同年龄段特点及材料的不同特性为主要线索，给出了 150 种创新性玩法。

提高幼儿园体育活动的品质，是每个学前教育工作者不断追求的目标。由于本人时间、精力及学识有限，本书肯定存在着许多不尽人意的地方，欢迎广大读者批评、指正。

汪超
2015 年 12 月

目 录

理 论 篇

第一章　体育材料在幼儿园体育活动中的地位及作用……………………003

第二章　体育材料与幼儿的发展………………………………………………008

第三章　幼儿园常用体育材料及其分类………………………………………013

第四章　幼儿园体育材料存在的问题…………………………………………022

第五章　幼儿园体育材料的选择………………………………………………028

第六章　自主性体育活动中体育材料投放的策略……………………………041

实 践 篇

专属性体育材料……………………………………………………………………053

　　材料一　彩虹伞………………………………………………………………053

　　　　游戏1　彩蛋……………………………………………………………054

　　　　游戏2　我顶，我顶，我顶顶顶………………………………………055

　　　　游戏3　小矮人…………………………………………………………056

　　　　游戏4　穿越……………………………………………………………057

V

游戏 5　卷心菜⋯⋯⋯⋯⋯⋯⋯⋯⋯⋯⋯⋯⋯⋯⋯⋯⋯⋯⋯⋯⋯058

游戏 6　做个大泡泡⋯⋯⋯⋯⋯⋯⋯⋯⋯⋯⋯⋯⋯⋯⋯⋯⋯⋯059

游戏 7　包粽子⋯⋯⋯⋯⋯⋯⋯⋯⋯⋯⋯⋯⋯⋯⋯⋯⋯⋯⋯⋯060

游戏 8　卷麻花⋯⋯⋯⋯⋯⋯⋯⋯⋯⋯⋯⋯⋯⋯⋯⋯⋯⋯⋯⋯060

游戏 9　炒豆豆⋯⋯⋯⋯⋯⋯⋯⋯⋯⋯⋯⋯⋯⋯⋯⋯⋯⋯⋯⋯061

游戏 10　拧麻绳⋯⋯⋯⋯⋯⋯⋯⋯⋯⋯⋯⋯⋯⋯⋯⋯⋯⋯⋯⋯062

游戏 11　抬轿子⋯⋯⋯⋯⋯⋯⋯⋯⋯⋯⋯⋯⋯⋯⋯⋯⋯⋯⋯⋯063

游戏 12　滚动的小人⋯⋯⋯⋯⋯⋯⋯⋯⋯⋯⋯⋯⋯⋯⋯⋯⋯⋯064

游戏 13　多变的天气⋯⋯⋯⋯⋯⋯⋯⋯⋯⋯⋯⋯⋯⋯⋯⋯⋯⋯065

游戏 14　找准方向⋯⋯⋯⋯⋯⋯⋯⋯⋯⋯⋯⋯⋯⋯⋯⋯⋯⋯⋯066

游戏 15　苹果与菠萝⋯⋯⋯⋯⋯⋯⋯⋯⋯⋯⋯⋯⋯⋯⋯⋯⋯⋯066

材料二　呼啦圈⋯⋯⋯⋯⋯⋯⋯⋯⋯⋯⋯⋯⋯⋯⋯⋯⋯⋯⋯⋯068

游戏 1　同手同脚走⋯⋯⋯⋯⋯⋯⋯⋯⋯⋯⋯⋯⋯⋯⋯⋯⋯⋯069

游戏 2　小乌龟⋯⋯⋯⋯⋯⋯⋯⋯⋯⋯⋯⋯⋯⋯⋯⋯⋯⋯⋯⋯070

游戏 3　轻功⋯⋯⋯⋯⋯⋯⋯⋯⋯⋯⋯⋯⋯⋯⋯⋯⋯⋯⋯⋯⋯071

游戏 4　独轮车⋯⋯⋯⋯⋯⋯⋯⋯⋯⋯⋯⋯⋯⋯⋯⋯⋯⋯⋯⋯072

游戏 5　车轮滚滚⋯⋯⋯⋯⋯⋯⋯⋯⋯⋯⋯⋯⋯⋯⋯⋯⋯⋯⋯073

游戏 6　小汽车变身⋯⋯⋯⋯⋯⋯⋯⋯⋯⋯⋯⋯⋯⋯⋯⋯⋯⋯075

游戏 7　燕南飞⋯⋯⋯⋯⋯⋯⋯⋯⋯⋯⋯⋯⋯⋯⋯⋯⋯⋯⋯⋯076

游戏 8　跳房子（一）⋯⋯⋯⋯⋯⋯⋯⋯⋯⋯⋯⋯⋯⋯⋯⋯⋯078

游戏 9　跳房子（二）⋯⋯⋯⋯⋯⋯⋯⋯⋯⋯⋯⋯⋯⋯⋯⋯⋯080

游戏 10　我摆你跳⋯⋯⋯⋯⋯⋯⋯⋯⋯⋯⋯⋯⋯⋯⋯⋯⋯⋯082

游戏 11　穿过小山洞⋯⋯⋯⋯⋯⋯⋯⋯⋯⋯⋯⋯⋯⋯⋯⋯⋯⋯083

游戏 12	看谁追上谁	084
游戏 13	大家一起来帮忙	085
游戏 14	圈的传递	086
游戏 15	看谁堆得高	087
游戏 16	拼图案	088

材料三 球类 089

游戏 1	球不离身	091
游戏 2	夹球行进	092
游戏 3	牧羊人	093
游戏 4	夹球跳	094
游戏 5	蜘蛛送货	094
游戏 6	同心协力	095
游戏 7	篮球控球技能	096
游戏 8	流水线	097
游戏 9	胯下传球	098
游戏 10	服务员	099
游戏 11	掉不下来	100
游戏 12	三角运球	101
游戏 13	向我滚过来	102
游戏 14	有趣的保龄球	103
游戏 15	躲手雷	104
游戏 16	衣服兜兜	104
游戏 17	抛球进退步	105

游戏 18	飞起的羽毛球	106
游戏 19	叫名字抛接球	107
游戏 20	木球	108
游戏 21	棒球	109
游戏 22	轮换拍球	110
游戏 23	拍球移动	111
游戏 24	对抗	112
游戏 25	最强腿力	113
游戏 26	花样踢球	114
游戏 27	球进了	115

材料四　绳类 ·············· 116

游戏 1	变化多端的绳子	118
游戏 2	漂亮的帽子	119
游戏 3	集体行进	120
游戏 4	闭目行走	121
游戏 5	顶住，别掉下	121
游戏 6	绳子上的舞蹈	122
游戏 7	踩蛇头	123
游戏 8	连续跳	124
游戏 9	踩八角鱼	125
游戏 10	变换跳跃	126
游戏 11	摇摆跳	127
游戏 12	踩绳跳接力	128

游戏 13　晒毛巾 ·· 129

游戏 14　踩尾巴 ·· 130

游戏 15　赶马车 ·· 131

游戏 16　集体跑 ·· 131

游戏 17　放烟花 ·· 132

游戏 18　绳子的妙用 ·· 133

游戏 19　拉大锯 ·· 134

游戏 20　快速收绳 ··· 135

游戏 21　绕长绳 ·· 136

游戏 22　两人钓鱼 ··· 137

游戏 23　拧麻花 ·· 137

游戏 24　打绳结 ·· 138

游戏 25　包粽子 ·· 139

游戏 26　百变绳君 ··· 140

材料五　垫子类 ·· 142

游戏 1　穿过小山洞 ·· 143

游戏 2　绝不放手 ·· 144

游戏 3　滑行搬运 ·· 144

游戏 4　集体的力量 ·· 146

游戏 5　地震了 ·· 147

游戏 6　托垫换位 ·· 148

游戏 7　我是小车轮 ·· 149

游戏 8　战斗 ··· 150

游戏9　爬过小山坡……151

游戏10　滚下小山坡……152

材料六　布袋类……154

游戏1　变变变……155

游戏2　你是谁……156

游戏3　猎人来了……157

游戏4　会飞的布袋……157

游戏5　变成小皮球……158

游戏6　黄包车……159

游戏7　舞龙……160

游戏8　滚球接力……161

游戏9　斗牛士……162

非专属性体育材料……163

材料七　长凳……163

游戏1　小桥上面晃悠悠……164

游戏2　桥上的挑战……165

游戏3　不一样的桥上游戏……167

游戏4　排排坐……169

游戏5　毛毛虫……170

游戏6　小猴子过桥……171

游戏7　彩虹桥……172

游戏8　小蛇绕木……173

游戏9　骑马过江 …………………………………………………… 174

　　　游戏10　小蚱蜢 ……………………………………………………… 174

　　　游戏11　公交车 ……………………………………………………… 175

材料八　轮胎 ………………………………………………………………… 176

　　　游戏1　轮胎上的行动 ………………………………………………… 177

　　　游戏2　跳跃的脚步 …………………………………………………… 178

　　　游戏3　支撑分脚跳跃 ………………………………………………… 180

　　　游戏4　轮胎的控制（一）…………………………………………… 181

　　　游戏5　轮胎的控制（二）…………………………………………… 182

　　　游戏7　拔河比赛 ……………………………………………………… 183

　　　游戏8　集体的力量 …………………………………………………… 185

　　　游戏9　通过安全门 …………………………………………………… 186

　　　游戏10　登高远望 …………………………………………………… 187

材料九　塑料袋 ……………………………………………………………… 189

　　　游戏1　提起自己 ……………………………………………………… 190

　　　游戏2　两人三足 ……………………………………………………… 190

　　　游戏3　癞狼抓兔 ……………………………………………………… 191

　　　游戏4　小心地滑 ……………………………………………………… 192

　　　游戏5　放飞梦想 ……………………………………………………… 193

　　　游戏6　小袋子飞起来 ………………………………………………… 194

　　　游戏7　降落伞 ………………………………………………………… 194

　　　游戏8　打仙桃 ………………………………………………………… 195

　　　游戏9　链球 …………………………………………………………… 196

游戏 10　送沙工地	197

材料十　纸盒类 …… 199

游戏 1　小货车	200
游戏 2　准确踏入	201
游戏 3　大脚板	202
游戏 4　挑盒走	203
游戏 5　你能搬几个	204
游戏 6　小水滴	205
游戏 7　你摆我投	206
游戏 8　抓蟑螂	207
游戏 9　堆堆乐	208
游戏 10　小小建筑师	209

材料十一　椅子 …… 211

游戏 1　小小运动员	212
游戏 2　跨栏	214
游戏 3　悬崖上的技巧	215
游戏 4　快速反应	216
游戏 5　换位跑	217
游戏 6　我摆你跨	218

理 论 篇

第一章

体育材料在幼儿园体育活动中的地位及作用

《纲要》明确指出:"幼儿园的空间、设施、活动材料和常规要求等应有利于引发、支持幼儿的游戏和各种探索活动,有利于引发、支持幼儿与周围环境之间积极的相互作用。"材料作为幼儿教育的重要依托,是幼儿获得相关经验、增长知识、发展各种能力的物质基础。教育者总期望幼儿在与材料互动的过程中能够大胆表现自己,满足心理的需求,同时又能发现问题、探索问题、解决问题,在不断提高自我的经验、认知与能力的基础上,建构自我及对周围世界的认识。

一、幼儿园体育材料的概念

《辞海》中对"材料"的一种解释是可以直接制成成品的东西。

幼儿园体育材料一直以来没有专门的概念界定。在幼儿园体育活动中,我们可以把它理解为服务于幼儿身体发展的各种物质,包括:幼儿园设置的大中型体育器械,教师有目的投放的小型器材,以及可用于身体发展的各种生活、生产中的物质等。

二、学前体育教育的核心目标

幼儿园体育活动的独特性在于它把幼儿最基本的活动能力与最大限度的全面、整体发展结合起来,是幼儿行为多样化的重要源泉。

在幼儿园体育活动中，幼儿通过不断地运用教师有目的投放的各种体育材料，促进身体发展，提升使用材料的技能，拓展对于材料和规则的理解。好的体育材料及运动方式更会带动幼儿思维能力的高速发展，使幼儿的情感及社会性发展水平也能得到淋漓尽致的表现。

幼儿园教育强调幼儿在实践中获得整体的发展，而发展的核心之一则是幼儿行为的多样化。行为的多样化预示着幼儿在认知、思维、经验、能力等方面的发展，是完善一个"人"必经的途径。因此在幼儿园体育活动中，教育者应提供给幼儿更多实际操作的机会，以发展幼儿的多样化行为，这是幼儿园体育教育的核心目标之一。

幼儿是幼儿园体育活动的主体。学前儿童正处于人生的第一个快速成长期，在这个时期，他们通过各种身体的练习，不断完善着作为一个"人"的各种独特的动作，从而使身体得以快速成熟起来。在这个过程中，幼儿的生理年龄对活动的内容、方式、难度、质量起着决定性的影响，因此学前体育活动的开展表现出明显的阶段性特点。

幼儿在进行各种身体练习时着重于基本动作及基本动作技能的发展，基本动作强调单一独特的动作，基本动作技能则强调多元化动作技能。比如，双脚交替走步是人的基本动作，而各种高抬腿走、交叉走、变向走、半蹲走、倒退走等则是动作技能的表现。从小班到大班，可以明显地看到幼儿从基本动作到动作技能的发展，而多样化行为方式的丰富标志着幼儿整体发展的快速递进。因此，学前阶段也是幼儿动作发展的关键期。

幼儿的运动能力除了受到生理年龄特点的影响之外，还受到环境及任务的影响（见图1-1-1）。因此在幼儿园体育教育中，教师既要根据幼儿的年龄特点创设良好的外围环境，又要为不同年龄段的幼儿提供合理的运动内容，以促进幼儿身体、能力

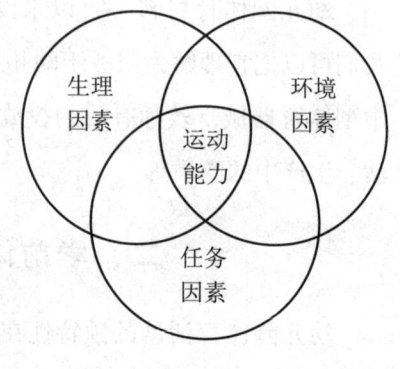

图1-1-1

的最大化、高质量的发展，促进幼儿行为的多样化发展。

三、体育材料与幼儿行为之间的关系

在追求幼儿高质量行为的多样化的过程中，幼儿园的教育大都通过有序的活动来实施。这些有序的活动构成了幼儿园里幼儿学习、生活、游戏、运动的全部内容，促使幼儿的各种行为逐步走向成熟，帮助他们形成独立的自我。当有序活动的内容更多地指向身体的运用，同时这种运用具有一定的运动负荷时，"运动"的概念就出现了。当运动强调运动技能的发展时，"体育"的概念就形成了。体育材料是幼儿体育活动的重要组成部分。从图1-1-2不难看出，体育活动及体育材料的运用是幼儿行为多样化形成的重要手段和途径。

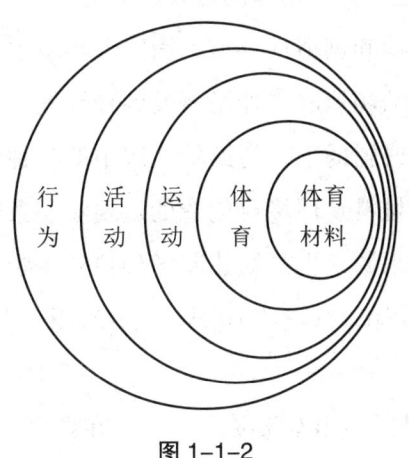

图 1-1-2

四、体育材料与幼儿园体育活动各元素的关系

构成幼儿园体育活动的元素主要包括幼儿、材料、环境、课程内容、教师等几个方面。各种元素之间存在着紧密的关系，其中体育材料这一元素在活动中有着不可替代的地位，是许多体育活动开展的重要依托。

1. 幼儿与体育材料

幼儿作为体育活动的主体，是体育活动服务的对象。幼儿从相对独立开始，就愿意选择各种体育材料进行活动。在这个时期，幼儿的社会性发展较弱，而好动又是他们普遍的天性，因此独自选择各种材料进行身体活动是幼儿最喜欢的活动方式。

入园后，集体性体育活动增多，体育材料开始成为幼儿间相互交流的纽带，成为他们共同的话题以及共同使用和操作的对象。幼儿间的伙伴关系逐步形成，幼儿的社会性也得以发展。因此，在幼儿园体育活动中，教师应常常创造机会，鼓励幼儿围绕着某一主题材料共同开展活动，以促使幼儿的社会性得到发展。

2. 环境与体育材料

环境是影响幼儿进行体育活动的重要因素之一。一般说来，幼儿园的物理环境包括固定性环境和创造性环境。固定性环境主要是指幼儿园的建筑物、建筑物内部的活动场地、户外场所及各种设施等。创造性环境主要是指幼儿在教师的指导或辅助下，借助幼儿园中的各种体育材料而形成的局部性运动环境。体育材料是环境再创造的重要物质条件，是幼儿户外活动中形成创造性思维的来源，也是幼儿园各种户外主题性体育活动的重要媒介。比如，幼儿借助轮胎，搭建"小山坡"，并利用"小山坡"进行各种攀爬练习，等等。

体育材料与环境共存，相辅相成。比如，在楼道上铺上大垫子，形成滑梯；在窗台上架上梯子，形成小山坡，等等。体育材料与环境成为幼儿园体育活动开展的重要物质基础。

3. 教师、课程内容与体育材料

教师作为幼儿发展的重要他人，在幼儿教育中有着不可替代的作用。教师是课程安排的主导者，是课程内容的实施者，是各种活动的管理者。在体育活动中，教师可以依据各种思路选择内容，其中依托体育材料开展的活动内容占有较大的比例。体育材料为教师提供了设计的思路、操作的方法和教学的条件。教师把体育材料与活动目标合理结合能更好地服务于幼儿各方面的发展。

总的来说，体育材料是幼儿园体育活动重要的、不可替代的物质基础。体育材料与体育活动其他元素关系紧密（见图1-1-3）。教师科学、合理地运用体育材料，将对幼儿园体育活动起到极大的促进作用。

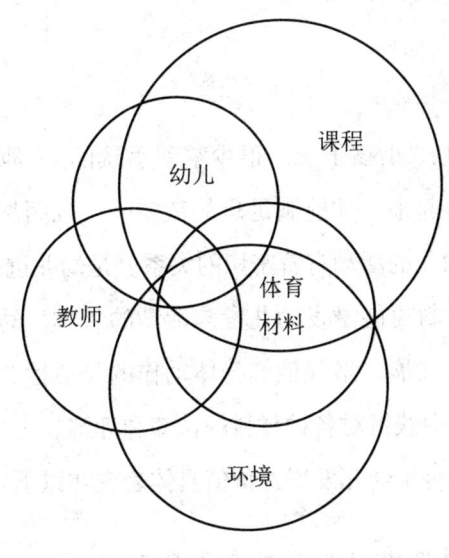

图 1-1-3

第二章

体育材料与幼儿的发展

陈鹤琴先生说过:"小孩子玩,很少空着手玩的。(他们)必须有许多的玩具来帮助才能玩得起来,才能满足玩的欲望……玩固然重要,玩具更为重要。"这说明材料与幼儿的活动有着密切的关系,是幼儿进行活动的物质基础。在幼儿时期,体育材料更能激发幼儿参与活动的兴趣。幼儿与材料的互动不但能促进幼儿体能的发展,增强他们身体动作的灵活性、协调能力,而且能帮助他们在潜移默化中获得对各种材料的认知和理解。

体育材料的运用对于幼儿发展的价值具体表现在以下几个方面。

(一)体育材料促进幼儿自我意识的形成

自我意识是指主体对其自身的意识,是主体觉知到自身存在的心理历程,是推动个性发展的内部动因。刚出生时,儿童更多地依赖父母的呵护,并未形成独立的自我。当他们开始移动身体进行活动时,其自我意识出现了萌芽。当他们开始独立操作身边的各种材料时,其自我意识进入一个新的层次。2岁左右时,幼儿进入一个有趣的敏感期,拖拉玩具成为他们普遍喜欢操作的内容,他们对身边的材料形成了强烈的操控欲。这说明,这个时期的幼儿自我意识加强,同时能更好地控制材料进一步强化了他们的自我意识。2岁半左右时,幼儿进入另一个有趣的敏感期,他们喜欢躲藏在某个小空间内,感受独自存在的快乐,此时他们的自我意识进一步加强。随着年龄的增长,3岁左右时,幼儿对玩具和材料表现出强烈的拥有欲,他们的自我意识达到了新的高度。各种材料始终伴随着幼儿的成长，为幼儿形成自我意识提供了保证。特别是可控的体育材料在幼儿形成自我意识的过程中起着重要的作用，促使幼儿"自我"的诞生，促进幼儿自我的建构。

（二）体育材料促进幼儿情感的发展

当幼儿骑跨在一根竹竿上，嘴里发出"驾、驾"的声音，在场地上快乐地奔跑时；当幼儿骑坐在椅子上，双手扶着椅背，嘴里发出"嘟、嘟"的声音，缓缓地前进时；当幼儿端着木棒，神情严肃，眼神犀利地看着某一目标，嘴里发出"哒、哒"的声音，俨然一名小战士时，他们的情感表达是那么地淋漓尽致。体育材料在幼儿的手中千变万化，被幼儿赋予了鲜活的生命。在自主操作体育材料过程中，幼儿可以充分地表现自己，自由地支配物体，获得了极大的满足。同时在不断操控体育材料的过程中，幼儿的自信心也得以建立。

奥地利心理学家弗洛伊德认为，游戏能使幼儿远离现实生活中的紧张感和约束感，为幼儿发泄在现实中不被允许的冲动提供了安全的环境。因此，它能帮助幼儿发展积极的情感，控制情感的冲动，产生高级的情感，如理智、美感等；同时它也使得幼儿的情感依托有了更长时间的延续。

当幼儿在教师的带领下滚动着轮胎，并把轮胎有序地堆成小山坡时；当幼儿把一条条长凳或连接或架起，变成一座美丽的大桥时；当幼儿用木砖搭建出一座豪华的城堡时，他们获得了创造的成就感。在这个过程中，幼儿为了达成目标，愿意克服困难、约束自我，形成了良好的自制力和意志力。同时同伴间分工协调、相互协作的过程，也使幼儿获得了交往的快乐，使他们的社会性和情感得以发展，促使他们不断地走向"社会人"。

（三）体育材料促进幼儿身体的均衡发展

在幼儿园中，我们总能看见孩子们在奔跑、跳跃、攀爬、钻进钻出，总能看见他们在荡秋千、玩滑梯、拍皮球。幼儿早期的探索和体育行为对他们的感觉、肌肉系统以及自我控制能力的发展都有帮助。其中，动作的重复和序列动作的形成能够帮助幼儿有效地建立运动的神经通路；动作的反应练习能帮助幼儿掌握流畅而精确的动作技能，也能促使他们的大脑神经系统不断地完善和成熟，同时这种因果反应能够为他们身体的发展打下良好的基础。

幼儿动作的发展主要表现为走、跑、跳、投、攀、钻、爬、踢、转、推、拉、滚等。无论集体教学活动还是幼儿的自主活动，体育材料在幼儿动作发展的过程中都起着重要的作用。对于每种动作，幼儿都能找到对应的体育材料进行练习。在集体体育活动中，教师既可以有目的地运用体育材料着重发展幼儿的某种动作，又可以运用体育材料综合发展幼儿的各种动作。比如，使用呼啦圈，着重幼儿钻的能力或跳跃能力的发展；组织打篮球活动，不但能发展幼儿的奔跑能力，还能发展他们的跳跃能力、投掷能力、控制身体及控制篮球的能力等。体育材料选择的多元化为幼儿动作的发展提供了更多的机会，有些体育材料更为幼儿综合运用各种技能提供了平台。

体育材料也能成为集体教学活动与幼儿自主练习的媒介。教师在体育教学活动中指导幼儿获得了使用某种材料的技巧后，这种技巧往往会成为幼儿生活中自主练习的内容，这种延续使幼儿的身体得以获得最大程度的发展。由此可见，体育材料为幼儿身体的均衡发展提供了直接的物质基础。

（四）体育材料促进幼儿认知及思维的发展

皮亚杰的相互作用理论指出："儿童的认知发展是在其不断地与环境的相互作用中获得的，他们对物质世界的认识多以事物和材料为中介，在很大程度上要借助于对物体的直接操作，他们的好奇心和探究兴趣促使其特别乐于摆弄和操作物体。"

幼儿在玩耍时，不只是在追求单纯的快乐。对于幼儿而言，玩更是一种严肃的工作，"玩"和"学习"不是截然分开的，更不是相互对立的，玩的过程是他们学习的一种独特途径，是他们认识世界、发展自我的最佳方式。

幼儿在玩的过程中与环境相互作用，通过操作各种物体认识事物的特征，发现事物之间的相同与不同，进而逐渐意识到事物之间的关系和联系，能对物体进行分类，形成自我的概念，从而获得基础的认知。

幼儿的年龄特点决定了他们对周围物质世界的认识是感性的、具体的、形象的，他们的思维常常需要动作的参与。因此，体育材料就可能引发幼儿主动地进行探索，成为提升幼儿经验及促进他们个性发展的媒介。所以，教师以材料作为中介和桥梁引导幼儿探索、认识周围世界是十分必要和可行的。

幼儿在操作体育材料的过程中，通过反复尝试、探索，获得了对材料本身的理解。比如，幼儿学习拍皮球，开始时，他们手的节奏很难与皮球弹起的节奏一致，对于皮球的控制能力较弱。但经过一段时间的练习，他们对于皮球的物理性质有了一定的了解，再进行操作时，手与球之间的配合就同步多了。当然，他们也会把这种经验迁移到类似的情境中。由此不难看出，由体育材料引发的各种活动不但促使幼儿获得对更多物质的理解，而且不断地促进幼儿思维的发展。思维是人脑对客观事物间接的、概括的反映，思维反映的是客观事物本质的属性和内在的规律。思维的过程是一个形成概念，进行判断、推理的过程。思维也是在解决问题的过程中发展起来的。因此只要允许幼儿自主探索，鼓励幼儿尝试去解决更多的问题，他们就能以体育材料为媒介，在快乐的玩耍过程中更好地发展认知和思维能力。

在幼儿园体育活动中，幼儿也常探索某一体育材料的多种玩法。在此过程中，他们需要不断地总结生活中的各种经验，想象着材料可能的用法，并能以物代物，使认知、想象、思维与身体达成统一，促使各方面能力同步发展。

总的来说，幼儿的年龄特点决定了他们成长、学习、发展的独特性。体育材料的运用既符合幼儿生理的需要，也符合幼儿心理的需求。在运动中，幼儿的身体能够更好地进行新陈代谢，运动系统得以不断完善，同时他们的情感得以寄托，他们的情绪得以释放。体育材料的运用让幼儿获得了更多与外界物质互动的机会,提高了他们认知的宽度及深度,促使他们的思维能力得以发展。体育材料也成为幼儿进行交往的媒介。在共同利用体育材料进行体育活动的过程中,他们学会了分享、辅助、合作、妥协、相互借鉴等。体育材料所表现出的要求幼儿身心同步操作的特点,为幼儿的整体发展提供了重要的物质平台。

第三章

幼儿园常用体育材料及其分类

我们对幼儿园体育材料进行分类，更多基于教师对材料的认识和研究的需要。分类并不是把体育材料进行人为的分割，并不是要求体育材料在运用中各成体系，而是旨在帮助教师对体育材料的性质、形态、功能、操作方法及运动价值取向等获得较为全面的了解，能让体育材料更好地服务于幼儿园体育活动。

随着时代的进步和材料的发展，社会产品层出不穷，这些产品被用于体育材料的制作，使得成品的体育材料也日新月异。同时学前教育理念的明确指向也促使教师们不断思考幼儿发展的需求，不断尝试、制作各种对幼儿发展有益的体育材料，使幼儿园的体育材料丰富多样。

从幼儿园体育材料的形态来分类，一般包括大型体育材料和中小型体育材料两种。

一、大型体育材料

大型体育材料一般被安置在幼儿园户外场地，也有一些幼儿园因场地的局限或需求而把它们安置在楼层内。现在大型、固定的体育材料越来越多地走向功能复合一体化，在功能上表现出多样性，在场地上减少了对空间的需求，促使幼儿能通过操作来练习多种能力；但也有一些以独立的形式存在。从其功能来分，大型体育材料主要包括以下几种类型（见表1-3-1）。

表 1-3-1　幼儿园各种大型体育材料一览表

材料类型	材料名称	呈现形式	材料功能	适合年龄段
滑行类	滑梯、下滑车道、悬挂缆车等	包括直线式、起伏式、曲线式或螺旋式等	促使感知觉能力的发展	3—6岁幼儿
旋转类	转椅、旋转木马、磨秋、转轮等	围绕中心轴旋转	促使感知觉能力的发展	3—6岁幼儿
摇摆类	各种类型的秋千、海盗船、摇摆椅、悬挂绳索、悬挂软梯等	围绕悬点定向或不定向地摇摆。有些摇摆类材料需要幼儿具有一定的抓握力	促使感知觉能力的发展或增强抓握力量	3—6岁幼儿
平衡类	各种类型的平衡木、平衡架、平衡软网、单绳桥、双绳桥、平衡桥等	着地空间狭小，或材料设置得不稳定，或两者兼有	促使感知觉能力和身体控制力的发展	中大班幼儿
起伏类	各种类型的跷跷板、摇摇马等	以材料的中心为着地点，左右两端上下起伏	促使感知觉能力的发展	3—6岁幼儿
攀爬类	各种类型的攀岩墙、攀爬梯、攀爬网、肋木、攀爬桥、吊环、单双杠等	形成一定的高度，并借助一定的空间，利于幼儿手抓、脚踏以形成不同高度或不同身体姿势的变换	增强全身力量，促进协调能力的发展	中大班幼儿
钻爬类	各种大型圆筒、多面孔洞的立体架、固定的地道跨钻障碍屏等	利用材料形成一定的空间，或直线，或曲线，空间大小可通过幼儿身体	促使全身协调能力的发展，增强身体力量	3—6岁幼儿
投掷类	各种固定的球架或各种大小的孔洞等	孔洞形状不一，形成平面空间或垂直空间，便于投掷物通过	促使上肢力量及协调能力的发展	中大班幼儿
奔跑类	各种固定的可原地滚动的滚筒	带动滚筒转动	增强下肢力量，促使协调能力的发展	中大班幼儿

续表

材料类型	材料名称	呈现形式	材料功能	适合年龄段
跳跃类	各种大小的蹦床、充气城堡	具有一定的弹力，可以让幼儿的身体达到一定的高度	促使感知觉能力、下肢力量及平衡能力的发展	3—6岁幼儿
阻力类	各种大小的海洋池	借助各种塑料小球，形成对幼儿身体的阻力	增强全身力量，促使平衡能力的发展	3—6岁幼儿

各种大型体育材料主要用于促进幼儿感知觉能力及大肌肉群的发展。学前期正是幼儿感知觉发展的关键期，也是他们身体代谢的高峰期，因此幼儿对以上材料表现出浓厚的兴趣。

感知觉的身体练习对于神经系统具有一定的刺激作用，能不断地促进大脑神经系统的发展。通过此类练习，幼儿在视觉、听觉、触觉、运动觉、平衡觉、本体觉等方面获得积极的体验，心理上得到极大的满足，同时也获得了自我存在的成就感。3—6岁幼儿对感知觉体验的需求极大，因此教师应允许幼儿更多地进行与感知觉相关的各种体育活动。

二、中小型体育材料

在幼儿园体育活动中，中小型体育材料主要起到辅助及操作的作用，主要包括成品体育材料、创造性体育材料及组合式体育材料等。

（一）中小型成品体育材料

成品体育材料从其性质来看，包括专属性体育材料和非专属性体育材料。专属性体育材料主要是指由厂家专为幼儿身体的发展而生产的体育器材；非专属性体育材料主要是指由教师挖掘出的不属于体育指向，但可以直接用于开展幼儿体育活动的材料。

1. 专属性体育材料

在幼儿园中，专属性体育材料就其功能而言主要包括以下品种：

（1）滚动类：各种大小的充气碰碰球，各种类型的脚踏车、滑板、滑轮车，各种拖拉玩具（三轮车等），各种滚铁环材料（传统的、现代的），各种滚筒，各种类型的滚动玩具（如小汽车、小飞机、小坦克等）。

（2）旋转类：各种型号的陀螺（传统的、现代的），空竹（传统的、现代的），竹蜻蜓（传统的、现代的），溜溜球、旋转盆等。

（3）行走类：各种类型的高跷，各种材质的高低不一、大小不同的脚踏石，可自我组合的平衡木、大脚板、同步鞋，各种材质的平衡板等。

（4）跳跃类：羊角球，蹦跳球，单脚跳跃球，双脚跳跳球，各种布袋，小型蹦床，各种长短不一的绳子，跳箱，音乐毯，各种类型的"跳房子"的垫子等。

（5）投掷类：闪光球、垒球、弹力球、保龄球、气排球、伸缩球、降落伞、塑料飞盘、布制飞盘、各种型号及形状的沙包、各种型号的吸力镖靶、各种吸力弓箭、粘靶球、回力标、各种小套环等。

（6）钻爬类：各种形状的脚蹼，大小不同的呼啦圈，隧道筒，隧道圈，各种障碍拱门，组合迷宫球等。

（7）上肢力量类：台球、高尔夫球、曲棍球、弹力绳、哑铃、儿童拉力器、拉拉棒、各种球拍、拳击玩具等。

（8）建构类：木砖，木条，木架，不同形状的大型积木，各种大型镶嵌塑料板，各种大型拼板，各种沙坑玩具等。

（9）多用途类：实心球、气球、绒球、按摩球、健身球、康乐球、藤球、玻璃弹球、羽毛球、响铃球、海洋球、乒乓球、皮球、刺刺球、小足球、小篮球、彩虹伞、皮筋、塑料圆片、毽子等。

（10）辅助类：不同高度及不同宽度的障碍架，各种大小不一的垫子，不同高度的踏板，健身垫，游泳板，路标圆筒，各种型号的投掷架等。

每种专属性体育材料都有其功能上的特定指向，同时也具有其他功能的延伸与扩展。比如，弹力绳不但可用于促进幼儿上肢力量的发展，还可用于促进幼儿全身力量的发展。教师在选择及运用这些体育材料时，应根据幼儿发展的需求，合理利用，合理组配。

2. 非专属性体育材料

非专属性体育材料来源极其广泛，包括生活及生产中的各种材料。这些材料无须加工，因为材料本身所具有的某些特性可直接服务于幼儿身体的发展。这些材料对于拓展幼儿的认知，提高幼儿对于各种材料的认识、使用，开发他们的思维等都有极大的益处。此外，它们也进一步增强了幼儿动作的多样性。因此，这些材料也常被用于幼儿园体育活动。非专属性体育材料主要包括以下品种：

（1）生活类：桌子、椅子、长凳、纸箱、包装盒、罐子、瓶子、塑料杯子、纸杯、纸袋、塑料袋、水桶、洗澡盆、篮子、筷子、塑料碗和盘子、塑料勺子、脸盆、扫帚、拖把、毛巾、裤子、帽子、手套、大人的各种鞋子、鞋带、拉链、床单、布、布条、手绢、枕头、被子、镜子、皮包、钥匙、锁、马桶拔、夹子、衣架、彩带、报纸、纸牌、香烟盒、大的纯净水桶、各种生活用粗细皮筋、雨伞、吸管、扇子、羽毛球筒、毛线、骰子、书本、海绵等。

（2）生产类：轮胎、鱼线、麻绳、钢丝绳、竹筐、背篓、竹梯、人字梯、竹筒、扁担、竹竿、木棒、塑料管、木板、簸箕、筛子、网兜、木桩、塑料膜、产品包装箱、各种轮轴、大的汽油桶、刷子、油漆桶、各种大小的石磨盘等。

（二）创造性体育材料

在幼儿园中，创造性体育材料分为不同的类型，一种是教师在成品的专属性体育材料基础上自我创造再加工而成的运动材料，也称为半成品体育材料；一种是由教师运用生活、生产中的非专属性体育材料、废旧材料或一些低价值的材料等，按照幼儿的某些运动需求自制而成的具有一定功能性取向的体育材料，也称为自制体育材料。

1. 半成品体育材料

半成品体育材料的形成，反映了教师对于成品体育材料的理解及对幼儿运动需求的了解。半成品体育材料，既是对成品体育材料功能的一种扩展，又进一步丰富了幼儿园体育活动的内容、形式。对于成品体育材料的再改造，一方面能不断地延伸和挑战幼儿的能力，另一方面也可以使那些幼儿能力无法企及的材料变得可操作。

在幼儿园中，常用来被改造的专属性体育材料主要有：大小不同的呼拉圈、各种拖拉玩具、各种类型的高跷、各种长短不一的绳子、降落伞、各种型号及形状的沙包、各种小套环、弹力绳、皮球、弹力球、羽毛球、气球、绒球、垫子、路标圆筒、毽子等。

2. 自制体育材料

自制体育材料的来源也是极其广泛的，同时其功能也较为多元化。自制体育材料时主要用到的材料有：

（1）布类：按材质分，主要有：麻布类、棉布类、丝类、呢绒类、化纤类、皮革类等。

（2）绳类：按功能分，主要有：工业用绳、生活用绳、运动用绳、编织用绳等。在幼儿园常用于自制体育材料的绳子主要有毛线绳、麻绳、各种粗细的尼龙绳、鞋带、各种颜色的细线、鱼线、电线、钢丝绳等。

（3）纸类：按用途分，主要有：包装用纸、生活用纸、工业用纸、装饰用纸等。纸的用途极其广泛，功能多种多样，因此在幼儿园中经常被用来制作体育材料。

（4）塑料制品类：作为当今运用得最为广泛的材料，在生活及生产中由塑料制成的产品种类非常丰富。在幼儿园中，用各种塑料产品制作的体育材料也占有极大比例，这些塑料产品主要有：塑料杯、塑料瓶、塑料罐、塑料碗、塑料盘、塑料桶、塑料扣、塑料盖、塑料板、塑料布、各种硬度的塑料泡沫、塑料袋、塑料胶带、塑料球、各种塑料杆、各种型号的塑料管、塑料筐、塑料圈、各种粗细的塑料绳、各种粗细的塑料皮筋、塑料夹、塑料光盘、各种塑料装饰品等。

（5）金属类：金属类自制体育材料在幼儿园中比例较小，经常被用到的金属类材料主要有以下几种：铁丝、各种软硬程度不同的电线、金属罐、各种金属螺帽、螺丝、各种不锈钢板、不锈管、各种厚薄不一的铁片、铁管、各种铁制的夹子、钢丝、磁铁等。

（6）自然界材料类：自然界材料是指非人工制作、合成的物质，是自然界原来就有，未经加工或基本不加工就可直接使用的材料。传统的体育材料大量运用了自然界的各种材料。在幼儿园中，很多教师由于本身能力有限，只是对这些材料进行了一些粗加工，但并没有制成体育材料。因此，如何更好地使用自然界的这些材料开展体育活动，值得幼儿教师进一步思考。

（三）组合式体育材料

体育材料的组合，是指把相同或不同的材料合理搭配形成更多的功能，是对原有材料功能的进一步延伸和拓展。体育材料的组合不是材料毫无关系的堆积，而是材料间形成内在的互补关系，共同服务于幼儿某种能力的发展。材料的组合在许多体育项目中都有体现，比如，不同形态的棒和球可形成棒球、高尔夫球、板球、台球、曲棍球、康乐球等运动项目。而这些组合方式又有不同的动作发展要求，使得幼儿动作的表现更趋于多元化。

根据幼儿运动能力发展的需要，以及幼儿园可提供的不同体育材料，教师也常把一些材料进行有目的的组合，或让幼儿自己合理搭配，以促进幼儿不同能力的发展。

运动材料的组合在幼儿园各种体育活动中都有所体现，组合的目的也各不相同。

有些材料的组合强调让幼儿个体、两人或多人手执某种材料控制另一种材料，如滚铁环、赶小猪、执物托物走、执物接物、钓鱼、抽陀螺等，以提高幼儿的平衡能力、手眼协调能力及控制物品和身体的能力等。这类的材料组合在幼儿园中运用得较为广泛。

有些材料的组合强调让幼儿操作相同或同一类型的材料，如叠杯子、叠纸牌、叠轮胎或组合各种中大型户外积木等，以锻炼幼儿的精细动作、大肌肉群动作及空间架构能力等。

有些材料的组合强调幼儿运动能力的发展，强调通过材料的合理搭配不断地挑战幼儿的运动能力。比如，通过不断堆高的易拉罐，挑战幼儿的跳跃能力；通过不断堆高的垫子，挑战幼儿的爬行能力；通过不断堆高的桌椅，挑战幼儿的攀爬能力及心理承受能力；通过不断增加的呼啦圈，挑战幼儿持续钻的能力等。

有些材料的组合强调对材料特性的运用。比如，让小班幼儿双手执一小塑料垫子，上面放一小沙包；让中班幼儿双手执一小塑料垫子，上面放一个小茶杯；让大班幼儿双手执一小塑料垫子，上面放一个乒乓球等，以便让不同年龄段的幼儿挑战平衡能力。这些组合方式更强调幼儿运动能力的递进，是幼儿园体育材料运用的基本模式。

有些材料的组合强调幼儿动作的协调与反应能力的发展。比如，让幼儿抛出一种材料的同时去抓另一种材料，最后再接住被抛起的材料；让幼儿一手打鼓，一手敲锣；让一名幼儿抛滚出一种材料，让另一名幼儿用筐或盒扣住抛滚过来的材料等。

有些材料的组合强调辅助方法的合理性。比如，呼啦圈与支撑架组合，使呼啦圈得以垂直固定，以便让幼儿更好地进行钻的练习；竹梯与轮胎组合能形成不同的角度，以便让不同能力的幼儿进行攀爬的练习；纯净水桶与皮筋组合可形成不同的高度，以便让不同能力的幼儿进行跳跃的练习等。

材料的组合方式非常多，而合理的组合体现了教师对于材料的认知，体现了教师对于幼儿运动发展需求的认识，体现了教师设计体育材料的技巧与能力，更体现了教师的教育智慧。

三、体育材料的其他分类方式

依据不同的思路、线索，幼儿园体育材料的分类方式多种多样。除了以上阐述的按照幼儿园体育材料的形态来划分之外，还有以下几种分类方式：

（1）按材料的来源分类：主要包括木制体育材料、金属制体育材料、布制体育材料、泥制体育材料、纸制体育材料、竹制体育材料、草制体育材料、塑料制体育材料等。

（2）按材料的制作来源分类：主要包括成品体育材料、半成品体育材料、自制体育材料、组合式体育材料等。

（3）按材料的属性分类：主要包括专属性体育材料、非专属性体育材料等。

（4）按材料的发展历史分类：主要包括传统体育材料、现代体育材料等。

（5）按材料的技术特征分类：主要包括静态类体育材料、机动类体育材料、电动类体育材料等。

（6）按材料的操作功能分类：主要包括单一功能的体育材料、多功能的体育材料等。

（7）按材料操作的教育取向分类：主要包括运动类体育材料、感知类体育材料、象征类体育材料、主题类体育材料、探索类体育材料、结构类体育材料、娱乐类体育材料等。

（8）按材料的作用分类：主要包括操作类体育材料、辅助类体育材料等。

（9）按材料的操作对象分类：主要包括个体操作类体育材料、两人操作类体育材料、多人操作类体育材料等。

（10）按材料的操作目的分类：主要包括自主性体育活动操作材料、体育教学活动操作材料、早操活动操作材料等。

第四章 幼儿园体育材料存在的问题

幼儿园期望通过体育材料的使用，使幼儿的多元行为得以发展，让幼儿的各种能力、经验得以增长，使幼儿获得最大的、整体的发展。但就目前而言，幼儿园中的各种体育材料依然存在多方面的问题。

综观幼儿园的体育活动实践和体育材料的使用情况，我们发现，成品体育材料和自制体育材料存在局限性。

一、成品体育材料存在的局限性

就成品体育材料而言，主要存在以下几方面局限性。

（一）成品体育材料的使用存在局限性

在幼儿园体育活动中，教师往往只关注成品体育材料的主要功能，结果导致材料操作形式单一，很难形成多样化的体育活动。比如，在皮球的使用上，更多地局限在球的滚动、拍传、投掷等方面，而较少把球与其他材料相结合，开展更多样化的体育活动，如球与绳的结合、球与布袋的结合、球与盒子的结合、球与长凳的结合等。对各种成品体育材料的运用，表现出教师对于材料本身的理解，也表现出教师对幼儿行为发展的理解。从幼儿园体育活动的实践可以看出，教师在思考如何拓展现有成品体育材料的玩法上存在较大的局限性。

（二）成品体育材料的功能存在局限性

当今的体育材料市场在体育材料的提供上，与学前教育理念存在较大的差距。幼儿园的户外体育活动越来越强调幼儿整体的发展，而成品体育材料更多地指向技能性的身体运动，无法满足幼儿多元能力综合发展的需求，也使得户外主题性体育活动因材料不足而无法实施。同时成品体育材料的功能也很难满足幼儿成长中的需求，如拆解材料的需求、躲藏材料的需求、科学探究的需求、自我设计自我操作的需求等。由此可见，成品体育材料仍有很大的拓展空间。

（三）现代元素在体育材料上的运用存在局限性

现代体育材料的运用代表着当今科技的发展，但现代体育材料在制作时往往只是改变了材质，只是对传统体育材料的功能进行模仿，没有有效地融合许多现代的科技元素，如光电、电磁、空气压缩等。因此，如何把更多的现代科技元素与体育材料相结合，是教师今后需要不断探索的领域。

二、自制体育材料存在的局限性

自制体育材料是许多幼儿园体育活动中的一道风景，各地区教育部门组织的教师自制体育材料的比赛也层出不穷，教育系统对于自制体育材料的重视程度由此可见一斑。自制体育材料不论从原材料选择的种类，还是在体育活动中的功能，都是多种多样的。但就目前而言，幼儿园中自制体育材料依然存在诸多问题。

（一）教师对于幼儿本能性需求的理解存在局限性

幼儿园中的体育材料是幼儿的多元化行为发展的物质基础。体育材料的价值，不仅体现在促进幼儿身体的发展上，还有许多需要被关注的方面。教师只有不断地了解幼儿成长的需求，才能使体育材料实现最大的价值。但在许多幼儿园中，教师自制的体育材料往往只强调幼儿基本动作的发展，对于幼儿其他方面的发展则涉及较少。下面就幼儿本能性需求的几个方面举例说明。

儿童早期的成长有着必然的规律性和特殊性。从出生开始，儿童就进入感知觉发展的敏感期和关键期。随着身体的不断成熟，他们的感知觉系统也不断发育，在这个过程中他们需要大量的运动刺激。在这个时期，儿童往往表现出对于各种外界材料浓厚的兴趣，特别是与感知觉相关的内容。他们总是一刻不停地摆弄着身边可找到的各种物品，以获得最好的刺激，他们对于各种材料的需求不可抑制。这种感知与运动相互结合的需求，在幼儿成长的很长一段时期内尤为突出。在幼儿园中，教师自制的体育材料如何服务于幼儿感知运动系统的发展，需要引起教育者的关注。

人在成长过程中，自我心理平衡机制是保证个体正常发展的重要指标。在被牢牢保护的儿童早期，幼儿常常表现出一定程度的"暴力"行为，以获得心理内在的平衡。当此平衡被外界限制和干扰时，他们往往会表现出许多不良的行为。因此在幼儿园中，教师自制的体育材料应适度满足幼儿的一些"破坏性"需求。

儿童在早期接触一些陌生的材料时，会不断地摆弄、操作，以促使他们自我不断地学习。但在许多幼儿园中，很少有自制体育材料可以满足幼儿的这种解构材料的需求的。

儿童早期的"躲藏"行为是其自我意识萌芽的一种表现。在幼儿园中，教师自制的有趣的相关体育材料能更好地促进幼儿的成长，如各种自制的躲藏小屋、各种自制的小迷宫等。

儿童自2岁开始，象征性的活动就逐步展开。在幼儿园期间，此类活动达到了最高峰。如何把自制的体育材料与象征性活动相结合，或使材料本身具有象征性的意义，是教育者需要思考的方向。

总之，幼儿成长中的需求来自方方面面，同时许多需求都可以通过体育材料得到满足。幼儿园体育材料的制作需要建立在教师对于幼儿成长需求理解的基础之上，这样幼儿教育才会更加有效。

（二）教师对于幼儿体育活动的认识存在局限性

自制体育材料的核心目的是为幼儿身体机能的发展服务，而促进幼儿早期的基本动作发展，如走、跑、跳、投、攀、钻、爬等，只是其中的一部分。因此除了这些基本动作外，教师还应关注幼儿其他动作的发展，如滚、推、拉、踢、蹬、拿、接、顶、转、抓、握等，以及顺应各种基本动作而生成的动作技能。只有在一定的身体运动负荷下，幼儿才具备多样化的运动行为，才能使身体机能得到均衡发展。除此以外，教师还应关注幼儿身体的力量、耐力、协调能力、速度、节奏、柔韧性、灵敏性等多方面的发展，关注幼儿综合能力发展项目的设计，因此幼儿园自制体育材料应该促进幼儿综合能力的发展。

（三）教师对于自制体育材料使用功能的理解存在局限性

自制体育材料是教师在理解自己所面对的幼儿的实际情况下，对现有成品体育材料功能的一种补充。但在幼儿园中，许多自制体育材料更多的是运用低成本和废旧材料对成品材料的一种仿制，功能上没有得到任何拓展。虽然此类体育材料在原材料的选择上对于幼儿的认知发展起到了一定的促进作用，但其运用价值因成品体育材料的存在而大打折扣。只有当成品体育材料无法获得时，此类体育材料才能体现出其存在的意义。

（四）教师对于自制体育材料所达成目的的理解存在局限性

自制体育材料可应用在以下几个方面：一是应用在课程上，即为了更好地达成课程目标，教师针对当前幼儿和课程内容的需要，有目的地制作体育材料。当然，自制体育材料本身也可以构成课程内容，而围绕此自制材料开展的活动可以促进幼儿某种能力的发展；二是应用在幼儿自主的体育活动上，即自制体育材料可以供幼儿自主操作、自我练习，使幼儿的能力与经验得以表现；三是应用在户外区域体育活动上，即自制体育材料与其他各种相关的体育材料合理搭配、合理投放，可体现自制体育材料的作用；四是应用在器械操活动上。在器械操活动中，自制体育材料不但可以满足幼儿个体操作的需要，还可满足幼儿群体操作的需要。

因此教师只有有针对性地制作，才能使自制体育材料在幼儿园教育中呈现条理性的一面。

（五）教师对于不同年龄段幼儿对体育材料兴趣的理解存在局限性

幼儿是否能主动且长时间地使用自制体育材料，是衡量他们对体育材料是否感兴趣的重要指标。不同年龄段的幼儿其兴趣的取向存在较大的差异。总的来说，低年龄段幼儿更多选择高结构可控材料，他们对于自己能力之内的活动表现出特别的兴趣，如各种推拉类、滚动类、跨走类、钻爬类的活动等；高年龄段的幼儿越来越愿意表现自我的能力，因此他们对于有一定挑战性的活动有着浓厚的兴趣。在操作自制的体育材料时，他们更愿意选择有一定难度的材料，而且对于可变性材料、结构性材料也越发喜欢，如跑动类、跳跃类、综合技能类、大型建构类材料等。

（六）教师在自制体育材料时存在诸多现实问题

现在幼儿园中的自制体育材料往往存在一些不可回避的现实问题，主要有以下几个方面。

1. 成本高，使用率低

在幼儿园中，有许多自制的体育材料是教师为了参加各种相关的比赛制作的。许多教师为了追求材料的美观与规模，不惜花费大量的时间，投入大量的精力和费用，精心制作体育材料。但是由于这些材料更多地表现为单一的功能，因此幼儿在操作几次后就失去兴趣了。这使得许多体育材料白白被浪费掉了。

2. 质量低劣，使用率低

绝大多数教师并不具备制作复杂体育材料的能力，同时由于幼儿园提倡运用一些废旧材料或低成本材料进行制作，因此教师制作出来的体育材料往往牢固性差，没用几次就成了废品。

3. 材质低劣，无法存放

许多体育材料是用纸张、布料等制成的，它们遇到潮湿的天气容易发生霉变，进而变成废品。

4. 选材随意，存在安全隐患

幼儿用的体育材料材质有严格的规定，因此体育材料只有通过了正规渠道的检验，才能供幼儿使用。但在幼儿园中，教师在制作体育材料时，往往没有考虑原材料是否达标。比如，许多幼儿园中都存放着由各种工业用塑料管制作的体育材料、由废弃的油漆桶制作的体育材料等，这些都可能对幼儿的身体造成伤害。

第五章 幼儿园体育材料的选择

由于我国地域辽阔，各地区地理风貌、地域资源都不相同，同时经济发展、教育发展、文化背景、生活习俗等都存在一定的差异，幼儿园中所能获取的物质资源也因此大相径庭，每所幼儿园选择的体育材料也呈现出不同的类型结构。总的来说，表现出以下几个特点。

一、传统体育材料是幼儿园体育活动的主体资源

历史的发展与变迁为现代的人们留下了宝贵的经验。人们通过不断的传承、筛选、改造与创造，使传统体育材料在幼儿园教育中逐步形成相对固定的使用模式，主要的基础材料表现为球类、绳类、棒类、圈类等。这些材料的提取，一方面反映了人类早期的生产、生活中运用材料的智慧及生活的方式，另一方面也表现出人类在运用身体能力方面的发展及追求。早在新石器时代，石球就已成为人们生产、生活中不可缺少的物质，它不但是人们获取食物的工具，还是人们练习、娱乐的材料。人类对"球"的操作也打开了科学思维的大门，从而使"球"的概念不断得到扩展，使人类的行为得以不断丰富。对于"球"的喜爱，不分男女老幼，任何人都能从中获得无尽的快乐。人的身体的各个部分都可以与球亲密接触，使身体得以发育，使情绪得以张扬。因此，球类活动直到今天仍是幼儿园教育中的重要元素。许多常规材料的发展史都如同"球"一样，有最原始的来源，满足的是人类最根本的身体发展的需求。人们通过绳的运用，可以练习跳跃、平衡、捆绑、投掷等技能；

通过棒的运用，可以练习控制、击打、架构等技能；通过圈的运用，可以练习钻、爬、旋转、投掷、奔跑等技能。因此，不论哪一年龄段的幼儿都可以通过这些材料找到适合自己活动的方式。同时由于这些材料低廉、丰富且来源广泛，因此普遍存在于每所幼儿园中。

二、现代体育材料成为幼儿园体育活动追求的目标

当今社会，各种材料极为丰富，幼儿园中的体育材料也随之发生了极大的变化，各种塑料材料、金属材料、高档原木材料、合成材料等制作得越发精美。幼儿不但能借助这些材料进行活动，也能获得美的感受。材料的优劣往往成为评价幼儿园层次的标准。但体育材料的商业化使得材料成本逐步提高，购买高档体育材料成为许多幼儿园发展的负担；同时现代许多体育材料功能的指向性明确，使得幼儿只是单纯的操作者，体育材料的娱乐功能越来越大于促进幼儿各种能力发展的功能；更大的问题在于，许多现代材料的设计源于传统体育材料的功能，因此我们很难看到幼儿操作现代体育材料与操作传统体育材料的差异。因此，对于体育材料应以怎样的姿态存在以使幼儿园的教育取向不偏离正确的方向，使幼儿成为最大的受益者，是教育者需要思考的方向。

三、创造性体育材料是幼儿园开展体育活动的最大补充

教育中最大的资源来自教师，教师的理念及能力在一定程度上决定着被教育者的发展。体育材料的制作作为教育任务之一，也成为许多学前教师不断思考的内容。在很多幼儿园中，我们都能看见教师自制的创造性体育材料。这些体育材料更多地是对各种低廉材料、废旧材料或自然材料的运用，对成品体育材料的再加工及对各种体育材料的再组合。教师自制的创造性体育材料是对成品材料功能的一种补充，不但能促进幼儿各种动作的发展，而且对拓展幼儿的认知及思维具有不可低估的价值。

创造性体育材料反映了学前教师对于幼儿体育教育、幼儿需求和发展以及各种材料特性的认识，也反映了他们的教学技能与技巧。幼儿园创造性体

育材料具有自己的特色，同时教师在制作时也应遵循一些原则。

（一）地域特色在创造性体育材料中得以体现

材料的选择是体育材料主体内涵的表现，不同地域易获得的材料不同。比如，有些地区竹资源丰富，可制成小高跷、踏脚石、竹桥、沙锤、各种投掷物、各种大小不同的竹圈、各种高低不一的拱门、打击乐器、竹马、各种竹制障碍物、竹篮、竹筐、竹篓、竹棒、各种竹制拖拉玩具、竹梯、竹蜻蜓、竹龙、竹推车、竹弓箭、竹水枪、竹水车等，种类极其丰富。有些地区草资源丰富，可制成各种草编的体育材料，如草绳、草球、草帽、草垫子、草龙、草凳、草筐、草袋、草制抱枕等。还有些地区有丰富的木、藤、沙土资源等。这些都是幼儿园创造性体育材料地域特色的一种表现。

（二）传统体育文化特色在创造性体育材料中得以体现

五千多年的文化积淀，使中华大地形成了无数各具特色的文化体系，如饮食文化、建筑文化、水文化、竹文化、服饰文化、节庆文化、旅游文化、武术文化、婚庆文化等，这些文化体系或多或少在幼儿园的教育中都有所体现。

民间传统体育是体育文化中的重要组成部分。在幼儿园体育活动中，许多创造性体育材料就是应民间传统体育活动的需要产生的。比如，用鸡毛或钱币制成的毽子；用皮革或布制成的蹴鞠；用布和沙制成的沙包；用粗铁丝制成的铁环；用竹子或木头制成的空竹、陀螺、风筝、高跷、武术器材、风车、水车；用竹子、木头、绳子、罐子、草、木棒等制作的舞龙、舞狮材料；用泥巴制成的泥弹球；用各种布或塑料制品制成的飞盘；用稻草、绳子、纸制成的"捉尾巴"游戏中的尾巴；用各种绳线、盒子制成的"跳房子"游戏中的房子等。

我国每个民族都有自己独特的文化传承，民族传统体育活动也都别具一格，体育材料也是多种多样。在幼儿园中，教师常把自制的民族体育材料用

理论篇

于体育活动之中。各民族的体育活动多种多样,比如,朝鲜族的顶罐走、跳板;满族的高靴走、赛威呼、铜锣球、滑冰车、珍珠球;鄂伦春族的皮爬犁;苗族的踢毛菌、爬竿;水族的踩马夹;回族的"赶羊"、耍中幡;黎族的竹竿舞;维吾尔族的打嘎嘎;藏族的古朵;拉祜族、瑶族的打陀螺;布依族的丢花包;蒙古族的布鲁、射箭;哈尼族的打磨秋;羌族的舞麻龙;壮族的板鞋舞等。幼儿教师可以把它们改良后应用在幼儿园体育活动中。

传统体育文化具有旺盛的生命力,是人们几千年来不断传承的人类文明的精髓,反映了每个民族的生活、生产及地域特点。教师通过有效的筛选和改造,可以使它成为幼儿园体育活动的组成部分。

(三)各种竞技体育项目在创造性体育材料中得以体现

竞技体育运动包含的内容非常广泛,集中反映了人类在各种活动中的发展取向与时代特征。夏季奥运会到目前为止共分28个大项、302个小项,其中有许多结合体育器械形成的运动项目。在幼儿园中,教师可以结合幼儿的运动特点,用各种替代材料模仿制作这些竞技体育的运动器械,以适合幼儿的活动。比如,用各种塑料制品制成的跨栏用的栏架;用书、各种盒子、罐子等制成的跳高用的支撑架;用绳和布球制成的链球;用四轮滑板制成的皮划艇;用各种纸制成的垒球;用海绵制成的拳击手套;用竹子制成的"马";用铁丝、钢丝、呼啦圈、绳子、纸箱等制成的篮球框;用竹篾、布、皮革、塑料、稻草等制成的足球;用各种材质的杆子与网制成的足球门;用竹筐、轮胎制成的跳马;用各种水桶、纸盒、小纸箱等制成的各种举重器材;用铁丝、衣架制成的羽毛球拍;用纸板、塑料板制成的乒乓球拍;用竹篾制成的弓箭;用各种塑料管、木棒、竹棒、纸棒制成的高尔夫球杆、曲棍球杆;用布及棉花制成的橄榄球等。

教师对于竞技体育材料的仿制,使得幼儿园体育活动更趋多元化,同时也能更好地激发幼儿运动的兴趣。

竞技体育集中反映了人类对于自己身体发展的追求,也反映了世界各民族文化的交融。许多竞技体育活动是各种动作技能的综合反映,对于幼儿动作的均衡发展具有意义;同时它又是培养幼儿终身体育行为的重要平台,既可以满足幼儿运动情感的需求,又可以促进幼儿身体的发展。幼儿时期,儿童对于竞技体育的操作主要表现为专项基础技能的练习。幼儿的年龄特点决定了幼儿园中竞技体育活动的开展具有特殊性,在这方面,教师还需要不断地探索。

(四)幼儿动作发展在创造性体育材料中得以体现

基本动作及动作技能的发展是幼儿阶段最重要的任务,幼儿园也主要针对这两个方面为幼儿提供更多练习的机会。

幼儿的基本动作是指人的最基本的动作特征,主要表现为走、跑、跳跃、投掷、攀、钻、爬等几个方面,同时这些方面也反映了人的基本活动能力。儿童早期的活动主要是以这些动作的不断发展和完善为主要目的,同时幼儿阶段也是基本动作发展的关键期。

幼儿基本动作的发展,是从动作"泛化"(又称为"整体"动作)逐步走向动作"分化"的过程。3岁左右的幼儿从已具有的整体运动能力开始,通过各种活动,使得动作表现不断多元化,逐步向动作技能过渡。

基本动作技能是在基本动作基础上不断发展形成的,是具有更大发展价值的动作形式,同时对于基本动作的发展和完善也起着重要的促进作用。在幼儿园阶段,在一定时期内,幼儿的基本动作和基本动作技能发展是并行的关系。

基本动作和基本动作技能的练习促进了幼儿机体能力的提高。在一定的身体负荷下,幼儿不断获得身体的力量、耐力、速度、灵敏性、柔韧性、平衡能力及协调能力的发展,从而使身体的各种机能得以完善。在幼儿园中,大量体育材料都为此目的而存在,包括创造性体育材料。

1. 用于走跑练习的创造性体育材料

在幼儿园体育活动中,让幼儿结合材料进行走跑练习主要是为了促进幼儿的平衡能力、控制物品能力、身体的灵活性发展，以及锻炼他们的上下肢力量。

（1）滚动器材：一般是由塑料或金属材质的各种废旧的罐子、瓶子、桶或各种纸筒、纸盒制成的，通常为圆筒状。幼儿通过推动这些器材可以进行各种走跑的练习。

（2）推拉器材：是由各种材料与各种材质的杆或绳索组合而成的，如各种小汽车、独轮车、压路车等。此类体育器材在小班中运用得较多，可选择的材料也多种多样，以促进幼儿控制物品走跑能力的发展；推拉器材在重量及体积上加以变化后，也常用于中大班的体育活动。

（3）提线器材：主要是模仿高跷制成的，原材料的种类极为丰富。只要把具有一定硬度及高度的材料与手提线连接，就可制成。

（4）踏石器材：主要针对幼儿平衡走的能力进行设计与制作的。根据不同年龄段幼儿的能力，教师可以把踏石器材制成不同的高度及不同的面积。提线器材的原材料基本可用于制作踏石器材。

（5）独木桥器材：由一根或两根较长的竹子、木棒、绳索、铁索等形成一定高度并进行固定，然后在一定高度固定一根绳索，以便于幼儿抓握。此类器材主要锻炼幼儿平衡走的能力。

（6）托物器材：主要是指幼儿单手或双手所持的材料。幼儿在此材料上放置物品，进行走跑的练习。此类器材的原材料选择多种多样，可制成各种形状，既可单人操作，也可两人及多人共同操作。

在幼儿操作走跑类体育材料时，教师可提出各种动作要求、路线要求，以提高幼儿的运动能力，如走停结合、跑停结合、走跑交替、变向走或跑、曲线走或跑、圆形走或跑、往返走或跑、螺旋形走或跑等。

2. 用于跳跃练习的创造性体育材料

跳跃动作是幼儿最喜欢，也是最多变的动作之一。幼儿在进行跳跃练习时，经常结合对应的体育材料进行。其中教师自制的体育材料主要用于辅助幼儿运动，也有一些轻器械供幼儿自主操作。结合跳跃练习，自制的体育材料主要表现为以下几个方面：

（1）双脚并跳发展远度的体育器材：它们既可以是一定宽度的材料，如布、纸、书等，也可以是能圈出一定区域的材料，如皮筋、麻绳等。这些材料可形成不同宽度的变化，以达到发展幼儿跳远能力的目的。

（2）双脚并跳发展高度的体育器材：在幼儿园中，它们主要是由低结构材料或一些具有较高安全性的材料制作而成的，如可以不断堆高的小纸箱、空易拉罐、小木桩、积木，或者皮筋、较软的塑料制品等。应用此类自制器械可在保障幼儿运动安全的前提下，使他们不断挑战向上跳跃的能力。

（3）跨跳形成一定远度或高度的体育器材：单脚向前跨跃的动作主要锻炼幼儿向前上方跳跃的高度、远度及双腿的协调能力。此类自制辅助体育器材的制作材料也是多种多样的，如纸盒、纸棒、塑料棒、绳子等。它们均可构成具有一定宽度的框架，供幼儿练习。

（4）分腿跳两脚间形成一定宽度的体育器材：分腿跳主要锻炼幼儿双脚的同步协调能力。动作要领：双脚并拢立于障碍物前，双脚跳起，在空中时双脚分开并分别绕过障碍物的两侧，落地时，双脚并拢。此类器材的大小、高低应与幼儿的运动能力相匹配，多用于小中班中。它们多由一些较轻且无棱角的材料制作而成，如塑料圆桶、塑料圆筐等，也可由各种小型低结构材料组合而成，如塑料小瓶的组合、小纸盒的组合、易拉罐的组合等。

（5）手臂支撑跳跃形成一定高度的体育器材：手臂支撑跳跃，主要是通过双手支撑在物体上的反作用力，使身体形成一定的高度，这就要求器材必须有一定的承重力。此动作主要表现为两种方式，一种为手臂支撑分腿跳跃，这就要求器材在高度与宽度上与幼儿的身高、能力相匹配，一般采用轮胎、大竹筐、海绵垫等制作而成。完成此动作时，幼儿需要站在原地或借助助跑完成分腿跳跃动作；另一种为手臂支撑并腿跳跃，要求幼儿在跳跃时手臂支撑障碍物，双脚并拢，从障碍物的一侧跳向另一侧。由于跳跃的难度加大，因此教师在选择器材时，高度不能超过50厘米，常用的材料有长凳、叠起的海绵包等。此动作主要适用于大班幼儿。

（6）形成连续跳跃的体育器材：此类器材主要供幼儿自主操作，如自制的大布袋、跳跳鞋、跳跃球等。它们既可以是用于幼儿双腿夹物连续跳跃的体育材料，如小抱枕、小纸球、小沙包、小罐子等；又可以是用于固定幼儿双腿的体育材料，如具有一定弹性和宽度的皮筋等。

3. 用于投掷练习的创造性体育材料

练习投掷可发展幼儿身体的协调能力、上肢爆发力量及手眼协调能力。投掷需动用多种动作方式，同时必须结合材料才能完成，最终使投掷物达到一定的距离要求或准确性要求。投掷的动作方式主要包括以下几种：

- 单手肩上投掷：可向各个方向（向前、向后、侧向等）投掷，并可结合转体进行。
- 单手肩下投掷：向前（上、后）抛掷、侧身投掷等。
- 双手肩上投掷：向前投掷、向后投掷等。
- 双手肩下投掷：向上抛掷、向前抛滚、向后抛滚。
- 双手胸前投掷：以屈臂向前投掷为主。

教师自制的投掷器材应具有适合幼儿抓握、材料安全且利于投掷等特点。教师自制的投掷器材主要包括以下几种：

（1）手握类投掷器材：是指用布、纸、塑料、皮革、胶带、海绵、绳线等制作的球状、柱状、长条状的投掷物等。

（2）链球类投掷器材：把手握类投掷器材与短绳或皮筋相连接，可以形成链球类投掷物。

（3）飞盘类投掷器材：是指各种以纸板、布、塑料板、海绵等为主要材料制作的圆形飞盘状投掷物、多齿状投掷物及回旋标状投掷物等。

（4）套环类投掷器材：是指以铁丝、塑料小圈、纸板等为主要材料制作的圆环形投掷物。

（5）抛接类投掷器材：一般由开口容器和投掷物等组成。可以由一个人操作，也可以由两人或多人共同操作。

（6）飞行类投掷器材：是指用纸、纸板、薄木片、竹子等制作的飞行类投掷物。此类投掷物种类较多，常见的有各种纸飞机、竹蜻蜓、纸火箭、自制模型飞机等。

（7）降落伞类投掷器材：是指用布、绳子、球状物等制作的降落伞状投掷物。

因投掷动作的多样性，自制的投掷器材也种类繁多。教师在制作此类材料时，应根据幼儿的能力制成不同大小、不同粗细、不同面积的目标物，让幼儿能在练习中获得更多的成就感。

4. 用于攀爬练习的创造性体育材料

攀爬的动作能促进幼儿全身力量的发展，尤其是手的抓握力量及下肢力量；有利于幼儿提高平衡能力、灵敏性及协调能力。同时对于幼儿良好的心理品质和自信心的形成，有很大帮助。

在幼儿园中，幼儿主要借助成品的大型体育器材或组合类体育材料练习攀爬的动作，教师自制的体育材料相对较少。幼儿攀爬时主要用到的是人字梯及绳网类、木架类、桌椅类材料等。由于攀爬动作对材料的牢固性有较高要求，因此教师在制作时具有一定的难度。

5. 用于钻及钻爬练习的创造性体育材料

钻的动作能增强幼儿腿部和腰背部的肌肉力量，能发展幼儿身体动作的灵敏性、柔韧性及平衡能力等。

幼儿园中自制的相关器材较多，只要能形成一定空间的材料都可以被采用。比如，教师可以把多个呼啦圈与绳索相连接；把若干绳索制作成绳网；把若干垫子摆成通道等。

6. 用于爬行练习的创造性体育材料

爬行是一种有趣且对幼儿身体练习非常有价值的运动方式，它强调人体上下肢及躯干的协调配合。学前时期的幼儿身体力量较弱，爬行练习对于促进幼儿身体的全面发展极为有利，主要表现在：它能促进幼儿头颈部力量、四肢力量、背部力量及腹部力量的发展，能提高幼儿动作的灵敏性和协调能力，能发展幼儿的耐力等。

在幼儿园中，与爬行直接相关的自制体育材料不多，主要有以下几种：

（1）脚蹼类：是指用各种塑料泡沫板、厚纸板、厚布垫等制作的各种动物脚蹼，可以让幼儿套在手上。

（2）拖布类：是指用各种布垫、绒垫、绳线等制作的手套、膝套、脚套等，可以让幼儿在地板上爬行。

（3）坦克轮类：是指用一定宽度的大纸板或长布围成的环形材料。幼儿可在其中爬行，带动此材料向前滚动。

从以上分析可以看出，幼儿的基本动作绝大多数都可借助体育材料获得发展。除此之外，幼儿园还有一些自制的材料归属于娱乐性体育材料，如漂浮类、泡泡类、风筝类材料等，它们也是丰富幼儿园体育活动必不可少的内容。

（五）幼儿园制作创造性体育材料的原则

幼儿园自制体育材料具有特殊的意义，它们可不断地丰富、补充、完善幼儿体育活动所需要的各种物质资源，但同时存在不可回避的现实问题。如何才能制作出合理、科学的体育材料，更好地服务于幼儿的成长呢？教师需遵循以下几条原则。

1. 安全性原则

安全的环境、安全的材料、安全的内容及安全的互动是幼儿开展活动的前提。自制体育材料的安全性原则，是最基本的原则之一。幼儿园自制的体育材料存在的安全隐患主要表现在原材料的选择、制作的质量以及设计的合理性等几个方面。比如，自制体育材料的牢固性、稳定性较差，体育材料的结构、大小、重量等设计得不合理。

因此，教师在制作体育材料时需要充分考虑幼儿的年龄特点及体力、能力、认知等方面的发展水平，考虑自制的体育材料是否会对幼儿的视觉、听觉、嗅觉、触觉以及呼吸系统、神经系统、血液循环系统等带来伤害。教师只有做到细心、专业，才能使自制的体育材料发挥应有的作用，才能使幼儿在安全的环境下得到充分的发展。

2. 阶段性与发展性相结合的原则

教师自制体育材料时，首先应考虑到不同年龄段幼儿的不同发展需求、不同能力表现、不同经验水平等因素。许多自制体育材料具有阶段性特点，因为不同年龄段幼儿对于材料的需求不尽相同。比如，小班幼儿自主性相对较弱，他们对于体育材料的色彩、形状等更感兴趣，更喜欢独自玩耍，因此这一阶段的体育材料应强调娱乐性、趣味性。中班幼儿对于新鲜事物表现出强烈的好奇心，凡是有趣的东西对他们都有强烈的诱惑力。体育活动不仅仅是中班幼儿本能的生理娱乐需求，更是他们的一种心理需要。这个阶段的幼儿会较长时间地操作一种材料而乐此不疲。大班幼儿喜欢对技能要求较高且更有表现力的体育材料，对于过于简单且功能单一的材料兴趣较小。教师在自制体育材料时，不但要看到不同年龄段幼儿对体育材料的需求，还要看到同一年龄段幼儿对体育材料的需求。在设计体育材料时，教师要把幼儿的当前需要与发展需要相结合，以更好地促进幼儿发展。

3. 趣味性、教育性与科学性相结合的原则

幼儿园体育材料存在的最大意义在于激发幼儿的运动兴趣。材料好玩才能使幼儿投入和保持热情，才能使幼儿自主、自愿地长时间运动，才能满足他们情感的需求，促使他们获得身体的发展。活动内容、活动形式是否能表现出趣味性，是决定自制体育材料生命力的重要指标。

在制作体育材料时，教师必须把握材料的可操作性，材料所蕴含的知识、概念和原理的正确性，以及设计的精确性等原则。

以幼儿的需求为基础，以教育为导向，以科学的方法为手段，这是教师自制体育材料需要遵循的重要原则之一。

4. 艺术性、实用性与经济性相结合的原则

艺术性原则，是指教师在制作幼儿园体育材料时，应考虑体育材料要符合幼儿审美的需要，要生动活泼、色彩鲜艳、夸张有趣，要能调动幼儿积极

的心理需求。

实用性原则，是指教师应考虑自制体育材料在实际操作中存在的问题。幼儿园自制体育材料是为幼儿的实际操作服务的，要能让幼儿玩耍较长时间，以获得有益的经验和能力。因此，体育材料的持久性、稳固性、安全性等应作为教师制作时首先考虑的问题。在制作过程中，教师还需要考虑体育材料应能让幼儿使用便捷。

经济性原则，是指能用最小的投入获得最大的效益。制作体育材料时，教师不但可以根据幼儿可能发展的能力，借助各种废旧材料制作体育材料，而且可将许多专属性成品体育材料进行再加工，制成具有附加功能的体育材料。

把以上这三者结合，才能保障幼儿园自制体育材料具有一定的品质，才能使自制体育材料发挥出应有的功能。

5. 自主性与功能多样性相结合的原则

追求高品质的自制体育材料，是提高幼儿体育活动质量的重要途径之一。高品质的体育材料应具有操作性、功能多样性、挑战性等特点，这就要求自制的体育材料一方面能让幼儿自主操作，让体育材料真正成为幼儿最好的玩伴，激发幼儿长时间自主学习的热情；另一方面要能为幼儿身体的发展提供多种可能。在操作中，材料应具有可变性特点，不但能使幼儿身体的某一方面在活动中受益，而且能使幼儿更多的身体能力得以表现和发展。把这两个原则相结合，才能促使幼儿身体更加全面地发展。

6. 象征性与运动性相结合的原则

皮亚杰认为，游戏是儿童已有经验范围里的活动，是对原有知识技能的练习和巩固，是认知活动的一个方面或表现形式。幼儿的认知经验更多地来自生活本身，来自各种卡通角色、故事情节及身边的人和事。因此，把幼儿熟悉的情境带入体育活动中，更能激发幼儿对运动的兴趣。因此，在制作体育材料时，不论材料本身具有的象征性，还是借助体育材料进行各种象征性活动，都要能更好地满足幼儿在情感方面的需要，调动他们与材料互动的积极性。

7. 创新性原则

创新性原则，是指基于教师对各种体育活动、各种材料及幼儿身体发展认识的基础上，对材料进行再创造。在幼儿园中，自制体育材料的创新性主要表现在：一是采用新的材料来实现与成品体育材料相等的价值。这种创新利用了原有体育材料的功能，是幼儿园中最常见的方式，从某种意义上帮助幼儿拓展了对各种材料的认识；二是将专属性体育材料或非专属性体育材料加以改造，赋予自制体育材料新的功能，形成新的玩法。这一种方式要求教师对于体育活动的价值有更加清晰的认识；三是教师基于对教育和幼儿身体发展的认识进行创造，设计出全新的结构。此种方式最能体现出教师的智慧和价值，是对现有材料模式的突破，是对现有活动模式的补充，因此创新难度也最大。三种创新模式，也是教师不断完善自我的途径。

8. 教师操作与幼儿操作相结合的原则

在不断完善自我能力的基础上，如何通过自制体育材料提高幼儿的认识与能力，是教师应该思考的问题之一。在幼儿园的各种活动中，自制体育材料既可以成为幼儿手工创作等活动的一部分，又可以成为课程体系的一部分。通过教师有目的的引导，幼儿可以学会各种力所能及的体育材料的制作。同时自制好的体育材料又能成为幼儿自主体育活动的物质基础，是解决当前教师与自制体育材料矛盾的途径之一，也是不断提高幼儿多元能力的手段之一。

第六章 自主性体育活动中体育材料投放的策略

幼儿园体育活动从形式来分，主要包括自主性体育活动、早操活动、集体体育教学活动、户外远足活动及小小运动会等。

自主性体育活动，是指幼儿借助幼儿园的户外环境、材料、同伴、教师提供的内容及自主形成的活动内容进行的体育活动。此活动方式满足了幼儿自主的需求，是在幼儿已有经验的基础上展开的，是日常体育活动的主要形式之一。不论何种体育活动，依据幼儿的年龄特点，以体育材料为指引，形成幼儿与材料之间的互动，都是最普遍的方式。体育材料的有效提供与投放是达成一系列教育目的的重要保障。提供何种体育活动内容，对应地投放何种材料，如何分析体育材料本身的价值，以何种组织形式展开，作为教师应承担哪些方面的职责才能更好地激发幼儿的运动热情，使幼儿在开放的心理状态下获得身体的最大发展；同时又如何让幼儿的思维、认知、社会等方面的能力得以充分展现和发展，是教师在投放体育材料之前需要考虑的问题。

一、做好环境中的元素分析

每所幼儿园的物理环境都不相同，有些幼儿园的户外空间较大，有些户外空间较小。不论何种幼儿园，都应考虑到环境中的各种可用元素，并合理运用这些元素，促使幼儿从各种环境元素的交互作用中获得最大程度的发展。因此，教师在投放各种体育材料前需要对环境进行重点分析。

1. 户外空间及条件

在整体体育活动规划中，教师应考虑户外空间的大小及各种条件、元素，主要包括户外场地上是否有山坡、树林、竹林或灌木，是否有水渠、水池，是否有车道、环形通道，是否有沙坑，是否有大型固定体育材料，是否有种植区等。这些方面都可能成为幼儿体育活动内容设计的主要元素。此外，教师还要考虑户外的地面条件。不同的地面条件，可操作的体育活动内容及投放的体育材料也应有所不同。比如，水泥地面有一定硬度，同时较为平滑，既可进行各种滚动类体育活动，如轮滑等；也可进行各种大型涂鸦活动，如水画等；还可进行各种可变的体育活动，如跳房子等。泥地面由于一不小心就会被破坏，因此可进行各种传统体育游戏，如滚球入坑等。草地具有柔软及平滑的特性，可进行拖拉类、翻滚类、钻爬类等活动。不同的户外场地，投放的材料也不相同。比如，山坡可投放绳索、垫子、滑板材料；树林可投放各种短绳、遮布类材料；水渠、水池可投放漂流类材料；沙坑可投放玩沙工具、筛沙工具、平整工具、拖拉工具、书画工具等。

2. 墙面空间及条件

教师应考虑户外有多少可操作的墙面，并利用墙面开展体育活动，如投掷类、攀爬类、涂鸦类、球类、悬挂滚动类、贴图类活动等。

3. 室内空间及条件

教师还应考虑楼道、楼层、阳台、楼梯及室内空间的应用。楼道空间可设置和投放的材料是多种多样的。由于楼道有较直的通道、可悬挂的空间，以及与室内相连的窗台及门等元素，因此可进行行走类、跳跃类、投掷类、攀爬类、悬垂类体育活动。楼层主要表现出垂直空间，因此教师可投放各种悬挂类、连接类、软性的抛掷类体育材料。室内投放的体育材料主要来自室内已有的各种材料，如桌子、椅子、凳子、小床、枕头、衣物、布等。

二、确定好体育活动的内容

就某一投放点而言，体育材料主要依据体育内容和形式来确定，而体育内容则需要根据幼儿的年龄特点和需求来确定。在幼儿园中，教师可以根据以下线索来确定体育活动内容。

1. 以幼儿基本动作发展为线索确定的活动内容

此类活动内容多以发展幼儿的某种动作为目的。教师会投放相应的活动材料，供幼儿进行身体的练习，如走、跑、跳、投、接、攀、钻、爬、踢、转、推、拉、悬、滚等。

2. 以幼儿基本身体素质发展为线索确定的活动内容

此类活动内容多以发展幼儿的某项身体素质为目的。教师会投放相应的活动材料，供幼儿进行身体的练习，如上肢力量、平衡、柔韧性、灵敏性、耐力的练习等。

3. 以幼儿身体综合能力发展为线索确定的活动内容

此类活动内容较多，强调让幼儿根据某一主题内容，综合运用身体的各种运动能力进行活动。

（1）单一材料的投放：单一材料的投放主要依托某一材料的综合功能促进幼儿的多元行为发展。利用单一的体育材料，教师可以开展专项技能性体育活动和民族体育活动、传统体育活动、民间体育活动等。

专项技能性体育活动项目主要包括：足球、篮球、曲棍球、垒球、高尔夫球、软式排球、轮滑、木球、门球等。

民族体育活动、传统体育活动及民间体育活动项目主要包括：踢毽子、跳绳、投沙包、滚铁环、抖空竹、抽陀螺、放风筝、舞龙、舞狮、跳房子、跳马、踩高跷、竹竿舞、爬竿、骑独轮车、赶大车、骑竹马、玩风车、编花篮、跳皮筋、抛绣球、滚铜钱、掷瓦片、击壤等。

（2）综合材料的投放：综合材料的投放表现为教师依据某一主题内容或某一情境投放各种相关的材料，把各种基本动作综合起来让幼儿进行练习，如游园会、小红帽的旅行、花果山、丰收的田野、公交车、狩猎、老孙的本领、小马过河、卖菜、松鼠过冬、沙地寻宝等。此类活动内容强调环境的创设与材料的投放要以教师为主体，幼儿依据预设的情节按照事先规定的路线进行各种基本动作的练习。

4. 以幼儿身体运动与其他相关能力整合为线索确定的活动内容

此类活动内容主要强调在身体的运动中发展幼儿的其他能力，是运动与思维紧密结合的表现，也是自主性体育活动中最具教育价值的活动内容。在操作中，多以幼儿的自我选择、自我操作为主。体育活动与其他活动的整合多种多样，如体育活动与音乐活动的整合；体育活动与科学活动的整合；体育活动与社会活动的整合；体育活动与美术活动的整合；体育活动与心理教育活动的整合；体育活动与结构类活动的整合；体育活动与角色游戏的整合等。此类活动中，投放的材料以其他相关领域为主，强调在让幼儿承受较大的运动负荷的情况下进行相关内容的操作，如音乐广场、什么东西滚得最远、一样重、谁来帮帮我、沙地里的风景、我是伞兵、舌尖上的中国、小小建筑师、快乐的邮递员等主题内容。

三、做好体育材料的选择和分析工作

在做好环境条件分析、确定好活动内容后，体育材料的选择与分析就是接下来要做的工作了。教师应针对所设置的活动内容、幼儿的年龄特点投放相应的材料。在此过程中，幼儿不同能力的表现应成为材料选择的重要指标。小班幼儿更多的是在有组织的情况下进行自主性体育活动，因此他们往往选择单一的材料或教师预设的情境。因此针对小班幼儿，教师应着重探讨单一材料的多种玩法及预设情境的运动价值取向。中大班幼儿在自主性体育活动中更倾向于技能性体育活动及整合性体育活动内容。因此针对中大班幼儿，教师应着重探讨技能性体育活动的规则及整合性体育活动中可能存在的形式及多元材料的投放。

1. 一物多玩的体育活动

一物多玩，是幼儿园中最常见的活动方式。它能极好地展现材料本身的多元功能，最大限度地表现幼儿的多元行为，让幼儿在与单一材料互动的过程中不断理解材料的特性，同时拓展幼儿的认知及思维能力。一物多玩中的材料多来自幼儿身边常见的各种物品。教师应根据某种材料的多种特性，从幼儿的年龄特点、发展规律等方面入手，精心设计游戏的玩法，尽可能地挖掘材料所能揭示的一些现象及对幼儿发展有价值的部分，逐步深入，尽可能地让材料向幼儿传递更多有价值的信息，并使不同年龄、不同经验水平和不同需求的幼儿丰富自身的经验和感悟，以利于多种经验的建构和个性发展。

比如，对于枕头、抱枕、彩虹伞、易拉罐、衣服、纸盒等材料，如何一物多玩呢？在选择与分析此类材料时，教师可以按照以下思路进行操作：材料是否可操作？材料是否能表现出多种特性？材料的特性是否能构成趣味性体育活动？可以利用材料的特性设计怎样的体育活动，服务于幼儿哪种能力的发展？材料是否可以改造？是否能与其他材料组合运用？

2. 教师预设情境的体育活动

在情境创设中，教师会用到多种材料的组合，以服务于幼儿基本动作及能力的发展。教师在设计同一主题内容时，应着重情境的变化形成的不同难度的递进关系。比如，针对长凳平衡走，第一步可以让幼儿依次走过长凳进行练习；第二步可以在长凳上间隔一定距离放上一个小障碍物，让幼儿在长凳行走中不断跨过小障碍物；第三步可以让幼儿手持物品走过凳子练习；第四步可以加长或增高凳子让幼儿进行练习；第五步可以是在长凳上间隔一定距离坐一个小朋友，在长凳上行走的小朋友要绕过坐着的小朋友；第六步可以是摆放几条长凳以形成不同的行走路线，如正方形、三角形、不规则路线等；第七步可以让幼儿在通过长凳过程中，不断拾起长凳上的小物品；第八步可以让两名小朋友同时从长凳的两边相向而行，要求幼儿相互帮助同时顺利通过长凳；第九步可以并排摆放长凳，让幼儿两脚分别踩在两条长凳上行走。随着幼儿能力的增强，再不断加大两凳间的距离等。如何通过有效的情境创设促进幼儿运动能力的发展，是教师在预设情境时需要重点考虑的内容。

3. 专项技能性体育活动

技能性体育活动主要表现为集体、多人或个体有规则的活动。教师在选择此类活动时，应提前选择好活动场地，并提前在集体教学活动中准备好幼儿活动的相关经验，包括相关的运动技能及规则，以便活动的顺利开展。

4. 整合性体育活动

整合性体育活动，一方面是指内容的选择是多领域的整合，另一方面是指幼儿对各种材料自我设计、自我操作的过程。此类体育活动中，教师应提供与主题相关的足够多的材料，以便于幼儿在操作中有多种选择。比如，主题活动"一样重"，是体育活动与科学活动相结合的活动。如图1-6-1所示，教师在户外场地上立起一根1.5米左右高的木桩，同时在木桩的顶上架起一根可活动的木杆，连接点在木杆的中心点上，然后在木杆两边各用长度相等的绳子系上相同的两个竹筐。之后，要求幼儿在竹筐内放上材料，使两边的竹筐保持平衡。在提供材料时，教师可以选择各种大小不一、轻重不一的材料，以方便幼儿搬动。随着幼儿能力的增强，教师提供自选材料的重量和种类可以不断增加。

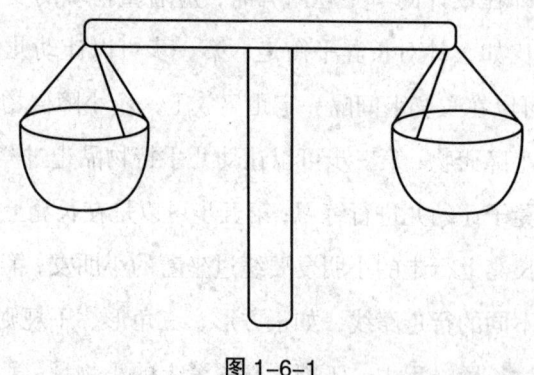

图1-6-1

四、幼儿园体育活动组织方式的确定

合理的组织方式是开展自主性体育活动的另一个重要因素。从组织方式来看，主要包括以班级为单位的定点自主性体育活动、平行年龄班混合的自主性体育活动、全园混龄体育活动、循环式自主性体育活动、全开放式户外体育活动、自主性区域体育活动及任务式体育活动等。由此可见，幼儿园自主性体育活动的组织形式多种多样，这就要求教师根据不同的需求进行有针对性的选择。比如，循环式组织方式，更多是以线型方式安排。教师在一定的路线上，间隔设置各种活动内容，投放相应的材料，让幼儿依次进行活动。又如以班级为单位的定点自主性体育活动，强调活动内容有固定的区域。教师只需提供相应的材料，让幼儿自主选择开展。不论选择何种组织方式，材料都应与相关内容合理搭配。

五、体育材料存放点与活动区域的合理搭配

体育材料存放点设置得是否合理直接影响着户外自主性体育活动的效率。存放点的设置需要达到取物方便、快捷，层次分明及空间储备有效等几方面的要求。在幼儿园中，教师一般采用集中式、定点式、分散式、跟随式等几种存放模式。

在户外体育活动中，有些固定的区域，如玩沙区、玩水区、户外角色区、大型建构区等，一般采用定点的存放方式，即在固定区域旁设置存放点，以便于幼儿就近取放材料。

分散式的存放方式依据的思路较多，主要包括：①依据幼儿的年龄特点进行体育材料分散式存放，多在教室或楼层的某一位置存放；②以材料的种类划分进行分散式存放，多用于单一材料的投放；③将某种主题活动内容所需要的体育材料统一存放，多用于教师预设情境的体育活动、技能性体育活动及整合性体育活动等；④以特定的组织方法进行材料的汇总，然后统一存放。这种思路主要是依据户外固定的组织方式，把所需的各种体育材料汇总在一起。

跟随式的存放方式多用于户外场地较大的幼儿园，是指用各种大小可移动的推车存放体育材料。对于这种存放方式，教师需要根据幼儿活动场地的变化、内容或主题的变化随机进行跟进和调整。

六、体育材料的取放常规制度建设

在幼儿园自主性体育活动开展过程中，每一次活动涉及的体育材料数量都较大，因此取放体育材料常常成为教师的负担。合理取放材料是教育内容

之一，是幼儿形成独立生活能力的重要一环。一方面，教师从小班开始就应在教学及各种活动中有意识地培养幼儿这方面的能力；另一方面，教师应提供合理的空间及各种相关提示，让幼儿更加明确如何操作。比如，在每个存放点张贴对应材料的大型照片，明确不同材料的"家"在哪里，活动结束时播放"玩具回家"的音乐。同时，对某些材料的归整也可成为户外活动的内容之一。比如，教师可提供一个大纸箱及一系列的小纸盒，让幼儿比比哪个小朋友能在大纸箱中放入更多的小纸盒，以此锻炼幼儿有序摆放纸盒的能力等。

七、自主性体育活动中教师的职责

在自主性体育活动中，教师担负着以下职责。

1. 基本服务职责

自主性体育活动，是指幼儿通过合理且自主的运动获得身体良好的新陈代谢，从而促进机体不断发展。但在此过程中，身体的运动若得不到合理的调节或不能遵循生理机能活动的规律，会对人体产生反作用。在幼儿园中，由于幼儿运动的时间不断增长，运动强度也不断增大，教师应注意以下几个方面的问题。首先，在大运动量之前应对幼儿的衣着进行检查，看看他们有没有穿不适合运动的服装，有没有戴有安全隐患的饰品。其次，应引导幼儿做好身体的准备运动。再次，在运动中，要关注幼儿衣物的增减，同时应及时处理好幼儿出汗的问题。对于运动能力较弱的幼儿，教师应给予更多关注，及时提醒其适当休息。最后，在运动结束后，教师应带领幼儿做好身体的放松运动，调整好呼吸，及时回到室内为幼儿除汗，帮助幼儿调节好情绪。教师在幼儿运动前、中、后的相关引导与服务工作是保障运动有效的必要条件，这些内容也应成为自主性体育活动整体中的一部分。

2. 基本管理职责

基本的管理职责主要包括安全管理、组织管理、行为管理等。在自主性体育活动中，安全管理是教师最重要的职责之一。在此过程中，教师应着重关注运动材料本身是否存在安全隐患；在有一定挑战性的活动中，是否存在安全隐患；在较大范围的体育活动中，是否存在视觉死角；材料的重量、大小、长短是否适合幼儿操作；播放音乐的音量是否会给幼儿带来伤害等。组织管理职责主要强调教师在活动中做好个体、小组、集体的调配工作，使集体性的自主性体育活动不因人员之间的冲突或较长时间的等待而无法进行。行为管理职责则强调教师在幼儿自主性体育活动中应关注幼儿的非规范行为、不恰当使用运动材料及幼儿间存在的冲突行为等。

3. 观察与记录职责

在自主性体育活动中，观察的目的存在多种取向，其中了解与评估幼儿的喜好与能力及评估自主性体育活动开展的有效性是最主要的内容。在观察以上内容时，既有即时性观察，也有预设性观察。即时性观察是指在活动之中随机进行观察，表现为教师对幼儿行为、活动内容、组织方式、管理方式的再认识等。预设性观察则强调在活动之前教师有目的地选择观察内容，表现为教师对某些幼儿、某一活动内容、某一活动方式的重点关注等。观察的重要目的是不断地完善教师的自我能力，提升活动质量，使幼儿得到更好的发展。

在自主性体育活动中，由于教师的职责较多，因此要求观察的方法简单易行，不提倡使用文字记录，应多运用表格、录像、照片的方式记录，以便于活动后教师的总结。

摄像及摄影不但能为教师的进一步研究提供重要的影像资料，而且是幼儿自我赏析的手段。教师可以通过整理后的影像既让幼儿了解自己活动的情况，也让他们了解其他幼儿的活动情况，从而在对比中自我修订。

摄像及摄影的方式以幼儿为主体，从幼儿的视角记录幼儿的活动，不但可以用于教师的观察过程中，也可用于幼儿的自我观察过程中。此外，它们还是教师解读幼儿的途径之一。

4. 介入与指导职责

在自主性体育活动中，教师的介入与指导也是必须的。教师不但可以带领、示范、指导幼儿进行有一定难度的体育活动或运用较为陌生的体育材料，还可以成为幼儿的玩伴，与幼儿分享活动中的快乐。此外，他们还可以成为幼儿活动的跟随着、模仿者，鼓励幼儿。

5. 总结与反思职责

总结与反思的目的在于对前期操作进行有目的性的评估。教师在进行总结与反思时，应考虑以下几方面内容。

- 提供的体育材料是否安全，幼儿是否有兴趣并愿意与这些材料进行互动。
- 体育材料的选择、投放、调整是否与幼儿的思维方向、实际经验和操作水平相适应。
- 体育活动的时间、空间是否合理，活动的规则、难度是否恰当。
- 投放的体育材料、组织的形式、创设的情境、选择的主题是否能让更多的幼儿喜欢，在一定时期内是否能激发幼儿操作的兴趣和持续探索的热情。
- 所提供的各种体育活动是否能发展幼儿新的经验，能否引发幼儿的自主学习、自主建构。
- 体育活动的内容和体育材料的投放是否能表现出层次性、挑战性，是否能有效地促进幼儿整体、全面的发展。

实践篇

专属性体育材料

材料一 彩虹伞

材料分析

彩虹伞是幼儿园常见的专属性体育材料之一。它色彩艳丽、玩法多样,适合开展各种集体活动;同时可让不同年龄段的幼儿操作,没有人数要求,因此深受广大幼儿的喜爱。

从功能分析,彩虹伞主要表现出遮盖性、可变性、承载性、空间性等特点。它的伞面质地柔软、光滑且具有较强的韧性,易收纳,不易破损,能承载一定的重量。彩虹伞直径一般为5米,展开时面积较大。运用彩虹伞开展的各种体育活动可以锻炼幼儿的上下肢力量、身体的灵敏性、感知觉、协同能力、精细动作等。

彩虹伞的功能、游戏名称及对应年龄分布表

材料功能	游戏名称	小班	中班	大班
遮盖功能	彩蛋	√		
	我顶,我顶,我顶顶顶		√	
	小矮人			√
变形功能	穿越	√		
	卷心菜		√	

续表

材料功能	游戏名称	小班	中班	大班
变形功能	做个大泡泡		√	
	包粽子			√
	卷麻花			√
承载功能	炒豆豆	√		
	拧麻绳		√	
	抬轿子			√
	滚动的小人			√
空间功能	多变的天气	√		
	找准方向		√	
	苹果与菠萝			√

材料设计与实际运用 1——遮盖功能的运用

游戏 1 彩蛋

【游戏目的】

（1）培养幼儿快速爬行的能力及方位感。

（2）锻炼幼儿对不同颜色的识别能力。

【游戏对象】

小班幼儿。

【游戏准备】

大型彩虹伞，海洋球若干，呼啦圈 1 个，彩色塑料小袋若干，音乐《彩虹的约定》。

【游戏方法】

　　教师把若干个红色、黄色、绿色的海洋球集中放在场地中间的呼啦圈内，要求每个幼儿在脖颈上挂一个彩色塑料小袋。教师带领幼儿展开彩虹伞，要求每个幼儿拿住伞，间隔均匀地站在伞边上，然后把伞覆盖在呼啦圈上，让呼啦圈处于伞的中间位置，再把伞放于地面上。游戏开始，教师指定不同位置的若干幼儿钻爬进彩虹伞，找到海洋球，把海洋球放入自己胸前的小袋内，然后爬回自己原来的位置。游戏反复进行。

【指导与建议】

　　（1）要求幼儿以手膝着地爬的动作进行游戏。

　　（2）组织游戏时，一次选择的幼儿人数不要太多，注意安全。

　　（3）一轮游戏结束，整理好彩虹伞后，再进行下一轮游戏。

　　（4）呼啦圈内的物品可以替换成其他小物件；让幼儿在脖颈上挂小彩袋，一方面便于幼儿操作，另一方面便于教师观察、了解游戏的进展。

　　（5）幼儿也可采用匍匐爬的动作进行游戏。

游戏2　我顶，我顶，我顶顶顶

【游戏目的】

　　（1）锻炼幼儿原地跳跃的能力。

　　（2）培养幼儿的配合意识。

【游戏对象】

　　中班幼儿。

【游戏准备】

　　大型彩虹伞，海洋球若干，音乐《彩虹糖的梦》。

【游戏方法】

　　教师在游戏前把幼儿分成两组，一组幼儿身上粘贴红色标识，另一组幼儿身上粘贴黄色标识。教师带领全体幼儿在场地上展开彩虹伞，要求每个幼儿拿住伞，间隔均匀地站在伞边上，然后把彩虹伞顶在头顶上。游戏开始，教师首先要求身上有黄色标识的小朋友不动，让粘有红色标识的小朋友进入伞内，用头去顶彩虹伞上的海洋球；一段时间后，再要求"顶"的小朋友，双臂举起，再次顶伞上的海洋球，尽可能把所有球顶出。一轮游戏完成后，幼儿交换角色，重新放置海洋球，再次游戏。

【指导与建议】

（1）提醒幼儿只能用顶的动作，不能拍打。

（2）游戏前，应强调在伞下的小朋友不能拥挤，注意安全。

（3）可调整彩虹伞的高度，以锻炼幼儿的跳跃能力。

游戏3 小矮人

【游戏目的】

（1）锻炼幼儿蹲走及钻跑的能力。

（2）增强幼儿间的互动。

【游戏对象】

大班幼儿。

【游戏准备】

大型彩虹伞，海洋球若干，音乐《彩虹的微笑》。

【游戏方法】

方法1：教师在游戏前把幼儿分成四组，在四组幼儿身上分别粘贴红色、黄色、绿色、橙色标识。教师带领全体幼儿在场地上展开彩虹伞，不分组别，让幼儿随机且间隔均匀地站在伞边，双手拿住伞，然后把伞拉到胸口的位置。游戏开始，教师首先要求身上粘贴某种颜色标识的小朋友随机交换位置，然后以蹲走的方式通过伞下，找到其他小朋友的位置，并再次拉住彩虹伞。等全部完成后，教师再要求下一组幼儿按照如上方式操作。游戏反复进行。

方法2：游戏前组织方法同上。游戏开始，教师要求外围小朋友把伞顶在头上，被选中的小朋友以钻跑的方式在伞下通过，找到其他小朋友的位置。

【指导与建议】

（1）要求幼儿在蹲走及钻跑时，把双手放于头顶，做好自我保护。

（2）提醒外围的幼儿两脚尽可能并拢，给伞下的幼儿留下寻找的空间。

（3）此类游戏是一种无序钻、走、跑的练习，因此教师不需要对速度提过高要求。对于速度慢的幼儿，教师应给予他们更多的提示。

材料设计与实际运用2——变形功能的运用

游戏4　穿越

【游戏目的】

（1）锻炼幼儿各种钻爬的能力。

（2）提高幼儿躲避危险的能力。

【游戏对象】

小班幼儿。

【游戏准备】

大型彩虹伞，音乐《彩虹桥》。

【游戏方法】

方法1：教师把彩虹伞对应的两角相叠，卷成筒状，把完整面朝上，放于地面上，然后要求全体幼儿排成一路纵队站于伞的开口一端。游戏开始，教师要求幼儿依次从其中穿过，可以是自己想到的任意动作，如手膝着地爬、匍匐爬等。

方法2：教师把彩虹伞对应的两角相叠，卷成筒状，把完整面朝上，放于地面上。教师要求幼儿分成两组，分别从两个开口处相向爬行，看到对面小朋友时要注意避让；每次允许两个小朋友在筒中。

【指导与建议】

（1）方法2中，注意提醒幼儿，两个小朋友相遇时要主动避让。只有当对面的小朋友钻出后，第二个小朋友才能出发。

（2）在游戏动作方面，教师不需过多限制，应允许幼儿采用任意爬行方式。

（3）彩虹伞卷起的空间可大可小，教师要注意控制。

（4）在活动中，教师要注意保持卷起的彩虹伞的完整性。

（5）小班幼儿喜欢在小的空间内玩耍，这是他们自我意识形成的一种需求。因此教师应运用多种方式，让幼儿进行此类活动。

游戏5 卷心菜

【游戏目的】

（1）锻炼幼儿侧向滚动的能力。

（2）提高幼儿游戏的趣味性。

【游戏对象】

中班幼儿。

【游戏准备】

大型彩虹伞，音乐《彩虹妹妹》。

【游戏方法】

方法1：教师和幼儿一起把彩虹伞平铺在地面上，先由一名幼儿平躺在彩虹伞的一边，一手抓住伞的边沿，身体带动伞向内侧滚动。当这名小朋友快把伞全部裹在身上时，对面一名小朋友也按这个小朋友的方法进行操作，这时第一名小朋友逐步展开伞，向外滚动。

方法2：教师和幼儿一起把彩虹伞平铺在地面上，要求4名小朋友同时从伞的四条边对应向内滚动，相碰后再同时向外滚动。

方法3：教师和幼儿一起把彩虹伞平铺在地面上，要求每条边上平躺两名小朋友，并且两名小朋友要面对面抱在一起。听到教师口令后，小朋友们同时向内滚动，再向外滚动。游戏反复进行，教师应注意提醒幼儿轮流进行。

【指导与建议】

（1）要求幼儿听从教师的口令，做到节奏一致。

（2）提醒幼儿两人抱在一起滚动时，应尽可能抱紧。

（3）此类游戏主要以感知觉练习为主，教师应注意不要让幼儿滚动过长时间。

游戏6 做个大泡泡

【游戏目的】

（1）锻炼幼儿的全身力量。

（2）提高幼儿的协同能力。

【游戏对象】

中班幼儿。

【游戏准备】

大型彩虹伞。

【游戏方法】

教师带领幼儿展开彩虹伞，要求每个幼儿拿住伞，间隔均匀地站在伞边上。游戏开始，教师要求幼儿一起上下摆动手臂，同时发出口号"1、2、3"；当彩虹伞到达最高点时，所有幼儿快速向里移动一步，并抓住伞按向地面，使伞面成圆弧状拱起。游戏反复进行。

【指导与建议】

（1）要求幼儿听从教师的口令，做到协同一致。

（2）提醒幼儿最后向上摆动时，尽可能向上抬高身体与手臂。

（3）此类游戏玩法简单，但对幼儿的同步性提出一定的挑战。教师可根据幼儿的能力缩短或者加大向内移动的距离，但要注意控制游戏人数。

游戏 7　包粽子

【游戏目的】

（1）锻炼幼儿集体跑动的能力。

（2）培养幼儿的协同意识。

【游戏对象】

大班幼儿。

【游戏准备】

大型彩虹伞。

【游戏方法】

教师带领全体幼儿在场地上展开彩虹伞，要求每个幼儿拿住伞，间隔均匀地站在伞边上。教师站在伞下的中间位置，用双手抓住伞，并固定住。游戏开始，听到教师发出口令"包粽子"后，所有幼儿单手拿住伞，朝着同一方向绕圈跑。随着圈越跑越小，伞布逐渐缠绕在教师身上。听到教师再次发出口令"打开粽子"后，所有幼儿朝相反方向跑动，直到把伞整个打开。游戏反复进行。

【指导与建议】

（1）提醒幼儿听从教师的口令，相互间保持合适的距离。

（2）此类游戏可以采用的跑动方法很多。比如，也可以不形成包裹，教师只用手托住伞的中心，让幼儿绕圈跑、向内跑、向外跑等。

游戏 8　卷麻花

【游戏目的】

（1）锻炼幼儿钻、跳的能力。

（2）锻炼幼儿身体的灵活性。

【游戏对象】

大班幼儿。

【游戏准备】

大型彩虹伞，音乐《彩虹》。

【游戏方法】

教师把幼儿分成四路纵队，站在起跑线上。两名教师拉住彩虹伞的两个对角，拉直使伞对折，形成50厘米的高度，同时与幼儿相距10米左右的距离。游戏开始，听到教师口令后，4名幼儿一起跑向彩虹伞，大家一起努力把伞从底部推向前方，同时每个人从底部钻过，抓住伞从中轴上绕一圈，再从中轴上跨跳过去，回到起点处。之后，第二组小朋友出发。游戏反复进行，直到把伞全部绕起。

【指导与建议】

（1）要求幼儿听从教师的口令，提醒幼儿只有4个小伙伴全部完成任务后才能返回。

（2）游戏中，提醒幼儿首先完成钻的动作，再完成跨跳动作。

（3）此类游戏主要以感知觉练习为主，教师应注意不要让幼儿运动过长时间。

材料设计与实际运用3——承载功能的运用

游戏9 炒豆豆

【游戏目的】

（1）锻炼幼儿的上肢力量。

（2）培养幼儿的合作意识。

【游戏对象】

小班幼儿。

【游戏准备】

大型彩虹伞，海洋球，其他各种小型毛绒玩具，音乐《彩虹的微笑》。

【游戏方法】

教师带领全体幼儿在场地上展开彩虹伞，要求每个幼儿拿住伞，间隔均匀地站在伞边上。教师首先在伞面上放置各种毛绒玩具，然后带领全体幼儿一起用手臂上下摇动伞，让毛绒玩具在上面"跳起舞来"。一段时间后，教师在伞面上加上海洋球，带领幼儿以相同的方式游戏。

【指导与建议】

（1）在游戏中，提醒幼儿尽可能不要让海洋球和毛绒玩具掉下彩虹伞。

（2）此类游戏主要练习幼儿的抓握力量及大肌肉群力量，因此教师在组织游戏过程中，可以强调由轻轻地摇动到用力摇动的过程。

（3）除了用手摇动外，也可以让幼儿平躺在地面上，把双腿放于伞下，用双脚不断地蹬动伞面进行游戏。

游戏10 拧麻绳

【游戏目的】

（1）锻炼幼儿的上肢力量。

（2）培养幼儿的合作意识。

【游戏对象】

中班幼儿。

【游戏准备】

大型彩虹伞，音乐《风雨彩虹铿锵玫瑰》。

【游戏方法】

教师带领全体幼儿在场地上展开彩虹伞，并将幼儿分成两组，面对面站于伞的两侧。游戏开始，教师要求所有小朋友一起参与，从两侧把彩虹伞向内卷起，直到两头合并。然后，要求两组小朋友分别站于伞的直线处，拿起伞向相反的方向拧动，将彩虹伞拧成一条"麻绳"。教师和多名幼儿合作拉紧

"麻绳",一名幼儿悬吊在"麻绳"上行走。一段时间后,交换悬吊的幼儿。

【指导与建议】

（1）要求小组幼儿做到同步。

（2）此类游戏主要锻炼幼儿的小肌肉及大肌肉群,教师在组织此游戏时,应要求幼儿在行走时尽可能保持平稳,速度不要太快。

（3）在练习悬吊时,也可让幼儿把行走改为轻轻地摇摆。

游戏 11　抬轿子

【游戏目的】

（1）锻炼幼儿的抓握力及上肢力量。

（2）培养幼儿的合作意识。

【游戏对象】

大班幼儿。

【游戏准备】

大型彩虹伞。

【游戏方法】

教师带领全体幼儿在场地上展开彩虹伞,把伞从一个方向对折两次。所有小朋友都站在伞边,同时双手紧握住伞边。教师选择一名幼儿坐在伞上,大家抬着他行走。行进一段距离后,换另一名幼儿坐在上面,游戏继续进行。

【指导与建议】

（1）要求抬着伞的幼儿双手不能松开,行走时步调一致。

（2）要求幼儿行走时尽可能保持平稳,速度不要太快。

（3）根据幼儿的承受力,教师可同时选择两名小朋友坐在伞上面。

（4）此游戏也可改为伞边抓握的小朋友不动,一名小朋友从伞的这一头爬到那一头。

游戏12 滚动的小人

【游戏目的】

（1）锻炼幼儿的上肢力量及侧向滚动的能力。

（2）培养幼儿的合作意识。

【游戏对象】

大班幼儿。

【游戏准备】

大型彩虹伞。

【游戏方法】

教师带领全体幼儿在场地上展开彩虹伞，放于地面上，要求每个幼儿双手拿住伞，间隔均匀地蹲在伞边上。教师指定一名幼儿平躺在伞上靠近教师的位置。游戏开始，教师首先提着伞慢慢站起来，身边的幼儿也跟着提着伞慢慢站起来。平躺在伞上的小朋友随着提起的力量侧向滚动，当滚到对面时，对面的小朋友站起来使其反向滚动，这时教师所站的一边蹲下。如此反复进行游戏，一段时间后，换另一名幼儿平躺在伞上。

【指导与建议】

（1）提醒幼儿只有当伞上的小朋友靠近自己一方时，自己才能站起来，而且站起来时不能太快。

（2）除了侧向滚动外，也可以提醒幼儿团身滚动。

（3）此游戏也可形成一定的通道，让幼儿定向滚动，即从教师的一头开始，一直滚到对面出来。这就要求教师与幼儿一起把彩虹伞变成圆柱形的通道。

材料设计与实际运用 4——空间功能的运用

游戏 13　多变的天气

【游戏目的】

（1）锻炼幼儿的反应能力。

（2）引导幼儿感受游戏的趣味性。

【游戏对象】

小班幼儿。

【游戏准备】

大型彩虹伞，儿歌（内容为：彩虹伞，转转转，温暖的阳光洒下来，宝宝快快坐下来；彩虹伞，转转转，大雨哗哗落下来，宝宝快快藏起来）。

【游戏方法】

教师带领全体幼儿在场地上展开彩虹伞，要求每个幼儿双手拿住伞，间隔均匀地站在伞边上。游戏开始，大家一起跟着教师提着彩虹伞转圈圈。教师念儿歌："彩虹伞，转转转，温暖的阳光洒下来，宝宝快快坐下来。"此时所有小朋友放下伞，快速坐在上面。完成后，教师要求幼儿再次提起彩虹伞转圈走。教师继续念儿歌："彩虹伞，转转转，大雨哗哗落下来，宝宝快快藏起来。"此时小朋友们快速钻到伞下面，躲起来。游戏反复进行。

【指导与建议】

（1）要求幼儿根据教师的要求做出正确的反应。

（2）提醒幼儿之间不要相互碰撞。

（3）此类游戏主要是通过对儿歌内容的控制，锻炼小班幼儿的正确反应能力。因此，当幼儿对上述儿歌内容较熟悉后，教师可不断地增加儿歌的内容，如"彩虹伞，转转转，白白的云朵飘起来，宝宝快快跑起来""彩虹伞，转转转，轻轻的风儿吹过来，宝宝慢慢转起来"等。

游戏 14　找准方向

【游戏目的】

（1）鼓励幼儿进行走与跳的练习。

（2）培养幼儿的平衡能力及协调能力。

【游戏对象】

中班幼儿。

【游戏准备】

大型彩虹伞，音乐《彩虹糖的梦》。

【游戏方法】

方法 1：教师带领全体幼儿展开彩虹伞，将伞平铺在场地上。游戏开始，幼儿一个跟着一个按照教师设计的路线，沿着彩虹伞的接线处及外沿向各个方向走动。

方法 2：教师以彩虹伞的彩色块为标志，首先带领幼儿在较宽区域进行连续跳跃，要注意提醒幼儿前后保持一定的间隔。一段时间后，教师再带领幼儿隔一块颜色进行跳跃，如此反复进行练习。

【指导与建议】

（1）提醒幼儿在走动时前后不能拥挤。

（2）此类游戏主要借助于彩虹伞上的线条及色块，鼓励幼儿进行身体的练习。它适合不同年龄段的幼儿。教师要根据幼儿的身体能力选择色块间隔的大小。

（3）彩虹伞上的线条很多，教师可以带领幼儿在上面开展各种直线游戏，如闭目直线走、猜拳跨步走等。

游戏 15　苹果与菠萝

【游戏目的】

（1）锻炼幼儿走与跑的能力。

（2）培养幼儿的合作意识。

【游戏对象】

大班幼儿。

【游戏准备】

大型彩虹伞。

【游戏方法】

方法1：游戏前，教师把幼儿分成两组，两组人数相等，一组为苹果队，一组为菠萝队，要求一个充当苹果的小朋友和一个充当菠萝的小朋友为一对好朋友。教师带领全体幼儿在场地上展开彩虹伞，每对好朋友站在一起，与其他各对保持一定的间隔。所有充当苹果的小朋友站在充当菠萝的小朋友的左边，每个小朋友都双手抓住伞不动。游戏开始，在教师发出指令"苹果动"后，充当苹果的小朋友要快速放手，跑到充当菠萝的小朋友的右边，并用双手抓住伞。当教师喊"菠萝动"时，充当菠萝的小朋友要跑到充当苹果的小朋友的另一侧。就这样，好朋友之间相互绕跑。

方法2：游戏开始前组织方法同上。游戏开始后，听到教师发出指令"苹果自由动"后，所有充当苹果的小朋友随机换位；听到教师喊"菠萝自由动"后，所有充当菠萝的小朋友随机换位。如此反复进行游戏。

【指导与建议】

（1）方法1中，只能是两个好朋友之间相互绕跑。

（2）方法2中，好朋友必须分开，去找其他的好朋友。

（3）此类游戏以快速反应跑为主，教师组织活动时应注意步骤，让幼儿学会游戏1后，再进行游戏2的练习。

（4）此类游戏的难度还可以不断增加。比如，指令还可以是"苹果自由钻"，此时充当苹果的小朋友必须从彩虹伞的下面钻过，再去找其他的好朋友等。

材料二　呼啦圈

材料分析

呼啦圈是幼儿园最常见的专属性体育材料，也是深受广大幼儿喜爱的体育材料。

呼啦圈直径一般在40厘米以上，是用轻金属、塑料或橡胶制成的，具有一定的硬度，不容易变形，在运动中主要用于发展幼儿的走、跑、跳、钻、爬、转等动作。

呼啦圈的功能、游戏名称及对应年龄分布表

材料功能	游戏名称	小班	中班	大班
促进走步动作发展	同手同脚走	√		
	小乌龟		√	
	轻功			√
	独轮车			√
促进跑步动作发展	车轮滚滚	√		
	小汽车变身		√	
	燕南飞			√
促进跳跃动作发展	跳房子（一）	√		
	跳房子（二）		√	
	我摆你跳			√

续表

材料功能	游戏名称	小班	中班	大班
促进钻爬动作发展	穿过小山洞	√		
	看谁追上谁		√	
	大家一起来帮忙			√
促进其他能力发展	圈的传递		√	
	看谁堆得高		√	
	拼图案			√

材料设计与实际运用 1——促进幼儿走步动作的发展

游戏 1 同手同脚走

【游戏目的】

（1）训练幼儿平衡走的动作技能，发展他们上下肢的协调能力。

（2）锻炼幼儿听信号做出正确反应的能力。

【游戏对象】

小班幼儿。

【游戏准备】

大呼啦圈 20 个，铃鼓 1 个。

【游戏方法】

教师带领幼儿站在场地上，要求每个幼儿两手分别握住两个呼啦圈的上端，两脚分别踩住两个呼啦圈的下端。游戏开始，教师不断变换方向，要求幼儿同手同脚跟着教师行走。在行走过程中，教师摇动手中的铃鼓。听到铃声响时，幼儿停止行走；听到鼓声响时，继续行走。

【指导与建议】

（1）行走过程中，要求幼儿双脚必须踩在呼啦圈上，不能随意离开。

（2）提醒幼儿注意彼此间保持一定的距离，不能相互碰撞。

（3）要求幼儿听到铃鼓声音时必须做出相应的反应。

（4）可先让幼儿自由练习，当他们手脚的动作相对熟练后，再进行集体游戏。

（5）游戏过程中，教师也可根据需要增加一些障碍物，鼓励幼儿进行变向走的练习。

（6）当幼儿掌握此动作较为熟练后，可让他们闭上眼睛，听铃鼓的声音找老师。

游戏2 小乌龟

【游戏目的】

（1）训练幼儿半蹲走的能力，增强他们的大腿肌肉力量。

（2）提高幼儿的反应能力。

【游戏对象】

中班幼儿。

【游戏准备】

大呼啦圈20个，铃鼓1个。

【游戏方法】

方法1：教师带领幼儿围成一个大圆圈，要求每个幼儿把呼啦圈套在身上，并双手持圈。然后，要求幼儿身体前倾，把呼啦圈立起，同时头钻过呼啦圈，并把头尽可能抬高。此时圈的下沿挂在幼儿膝关节的后面，幼儿身体半蹲，让圈的上沿扛在自己的双肩上，同时把两臂伸直。游戏开始，教师摇动手中的铃鼓，幼儿一个跟着一个绕圈行走。教师敲打鼓面一下时，幼儿停下；教师连续敲打鼓面时，幼儿转身。如此反复练习，看看谁的反应最慢。

方法2：教师带领幼儿围成一个大圆圈，要求每个幼儿站在自己的呼啦圈内,并双手持圈。然后,要求幼儿同时把两脚张开,松手,用踝关节把呼啦圈顶住行走。

【指导与建议】

(1)要求幼儿遵照教师的要求,保证身体与呼啦圈之间的位置正确。

(2)提醒幼儿前后保持一定的距离,不相互碰撞。

(3)要求幼儿听到声音后必须做出相应的反应。

(4)可先让幼儿自由练习,当他们手脚的动作相对熟练后,再进行集体游戏。

(5)游戏中,教师注意发出信号的节奏要由慢到快,逐步提高幼儿的反应能力。

(6)方法2也可采用短距离接力赛的形式,即把幼儿分成若干组,每组排头幼儿执一个呼啦圈。排头幼儿往返跑后,把呼啦圈交给第二个小朋友。游戏反复进行。

游戏3 轻功

【游戏目的】

(1)训练幼儿平衡走的能力。

(2)增强幼儿游戏的趣味性。

【游戏对象】

大班幼儿。

【游戏准备】

大呼啦圈若干。

【游戏方法】

如图2-2-1所示,教师在地面上把若干呼啦圈摆成一定的图形,然后组织幼儿成一路纵队,跟随教师进行集体练习。教师应要求幼儿尽可能用双脚脚底的中间位置走在呼啦圈的外沿上,并尽可能不使呼啦圈翘起来;行进中,提醒幼儿步幅不宜过大,同时两臂张开以保持身体的平衡。

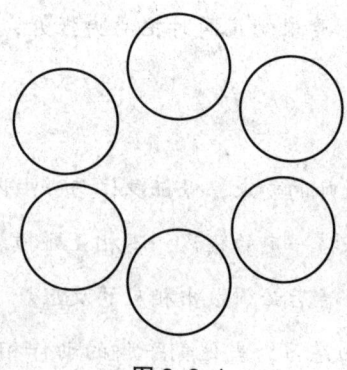

图 2-2-1

【指导与建议】

（1）提醒幼儿前后注意保持一定的距离，不相互碰撞，落脚要轻，步伐要小。

（2）组织此游戏时，可先让幼儿在一个呼啦圈上自由练习。当幼儿手脚的动作相对熟练后，再进行集体游戏。

（3）在带领幼儿进行集体练习时，注意线路的选择由易到难。摆放呼啦圈时，也可以先让幼儿自主摆放，再进行练习。

游戏 4 独轮车

【游戏目的】

（1）训练幼儿平衡走的能力。

（2）增强幼儿游戏的趣味性。

【游戏对象】

大班幼儿。

【游戏准备】

直径为 40 厘米的呼啦圈 30 个。

【游戏方法】

教师带领幼儿随机站在场地上，分给幼儿每人一个呼啦圈，要求他们把呼啦圈放在两腿中间立起。行进中，要求幼儿用双脚的后半部分依次踩在呼啦圈的内侧上，使呼啦圈不断地滚动起来。练习一段时间后，教师带领幼儿围成圈进行集体游戏，看谁走得又快又稳。

【指导与建议】

（1）提醒幼儿相互之间注意保持一定的距离，不相互碰撞。

（2）要求幼儿落脚要轻，步伐要小。

（3）组织此游戏时，可先让每个幼儿自由练习。当幼儿的动作相对熟练后，再进行集体游戏；也可让幼儿进行分组的对抗。

材料设计与实际运用2——促进幼儿跑步动作的发展

游戏5　车轮滚滚

【游戏目的】

（1）通过对呼啦圈材料的改造，发展幼儿控制物品的能力。

（2）促进幼儿的走、跑、钻等动作的发展。

【游戏对象】

小班幼儿。

【游戏准备】

如图2-2-2所示，把两个直径为80厘米的呼啦圈平行垂直放置，将四根长约60厘米的塑料棒平行放置于两个呼啦圈之间，并运用两根塑料锁扣十字交叉固定，使四根塑料棒与两个呼啦圈之间形成固定的连接。

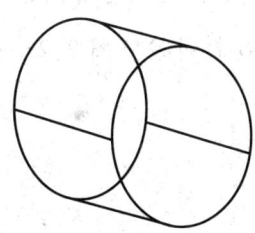

图 2-2-2

【游戏方法】

如图2-2-3所示，教师把幼儿分成人数相等的四组，两组与两组之间间隔10米左右的距离。游戏首先从一侧排头的两名幼儿开始，两人分别站在"轮胎"的两侧，用靠近"轮胎"的手协同拨动"轮胎"向前滚动。运送到对面后，把"轮胎"交与对面排头的两名小朋友，这两名小朋友再把"轮胎"用相同方式运送到对面，交给对面的第二对小朋友。游戏反复进行，直至全部幼儿都参与一遍。

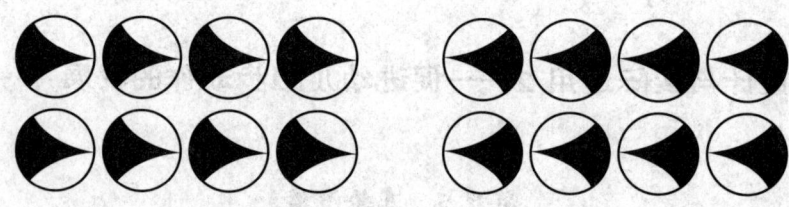

图2-2-3

【指导与建议】

（1）要求幼儿听到教师的口令后才能出发。

（2）提醒幼儿两人尽可能同步，使"轮胎"保持直线运动。

（3）在游戏中，可以结合走、跑运动，也可以结合直线和变向的不同路线进行。比如，在行进路线中，教师可设置一个障碍物，让两名协同游戏的幼儿拨动"轮胎"绕过障碍物，以增加游戏的难度。

（4）此组合材料可一物多玩，既可应用于幼儿的户外自主游戏中，也可应用于集体活动中。比如，可以把此组合材料平放，让幼儿进行钻或钻爬的游戏；也可以把此组合材料按照图2-2-4所示摆放，让幼儿以变向钻的方式进行游戏；还可以将此组合材料按照图2-2-5所示摆放，让幼儿绕圈跑，等等。

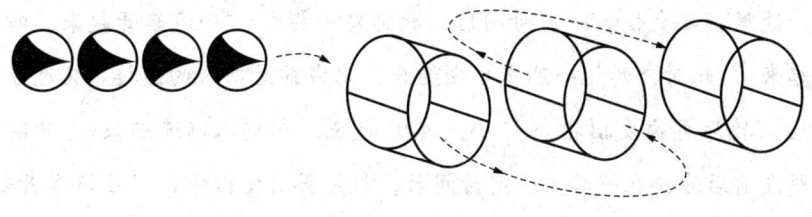

图 2-2-4

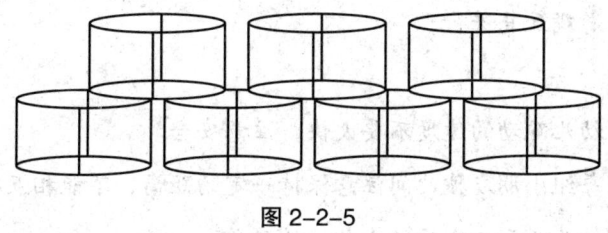

图 2-2-5

游戏6 小汽车变身

【游戏目的】

（1）训练幼儿协同跑的能力，发展他们的合作意识。

（2）提高幼儿跑动中的反应能力。

【游戏对象】

中班幼儿。

【游戏准备】

呼啦圈30个；儿歌（内容为：小汽车开起来，嘟嘟嘟嘟开起来；小汽车开起来，四辆四辆连起来；小汽车开起来，八辆八辆连起来；小汽车开起来，所有汽车连起来；小汽车开起来，慢慢慢慢停下来）。

【游戏方法】

教师带领幼儿自由站在场地上，要求每两名幼儿为一组，前后站立。每组两个呼啦圈，每个小朋友站在自己的呼啦圈内，前面的小朋友双手握住自己的圈，后面的小朋友双手握住两个呼啦圈。游戏开始，听到教师发出指令"小汽车开起来，嘟嘟嘟嘟开起来"后，两个小朋友围绕教师自由开车，慢慢跑动，速度不要太快。一定时间后，教师发出指令："小汽车开起来，四辆四辆连起来。"此时，两组小朋友自由组合，形成前后四人的连接。又过了一段时间后，教师再次发出指令："小汽车开起来，八辆八辆连起来。"此时，八名小朋友前后连接在一起。一定时间后，教师再次发出指令："小汽车开起来，所有汽车连起来。"此时，所有小朋友前后连接在一起，形成一个大圆圈。最后，教师发出指令："小汽车开起来，慢慢慢慢停下来。"此时，所有小朋友慢慢停下脚步。游戏反复进行。

【指导与建议】

（1）提醒幼儿跑动的速度不要太快，注意安全。

（2）提醒每组小朋友彼此间注意保持一定的距离，不能相互碰撞。

（3）提醒幼儿听到口令后做出相应的动作。

（4）提醒幼儿自由组合时，不要相互争抢。

（5）此类游戏要求人员在跑动中进行组合。中班幼儿在理解游戏规则时存在一定的困难，因此教师应有步骤地开展活动，由易到难，帮助幼儿逐步理解规则。

（6）对于游戏中幼儿人数的组合，教师不需要过分强调正确性，尽量让幼儿自己做出反应，进行活动。

（7）游戏中教师所发出的口令，既可以是不断增加人数，也可以是不断减少人数。

（8）此游戏也可三人组合进行，游戏方法如下：两名小朋友分别把呼啦圈套在腰上，并排站立，后面的一名小朋友左右手分别抓住前面两名小朋友腰上的呼啦圈，成驾驶马匹状。整个游戏由后面的小朋友指挥进行，成为三人协同跑的游戏。

游戏 7　燕南飞

【游戏目的】

（1）训练幼儿跑动及快速反应的能力。

（2）游戏情境贯穿始终，增强幼儿游戏的兴趣。

【游戏对象】

大班幼儿。

【游戏准备】

呼啦圈30个。

【游戏方法】

教师带领幼儿自由站在场地上，要求每个幼儿手执一个呼啦圈。教师组织幼儿如图2-2-6所示把呼啦圈平放在地面上排成两组，两组间隔五米左右，同时明确一组为小燕子春天的窝，另一组为小燕子冬天的窝。游戏开始，教师带领幼儿在场地上模仿小燕子飞行。一定时间后，教师发出口令："春天到了。"此时，所有幼儿跑向一组呼啦圈内。每个呼啦圈允许站多名幼儿，但站在同个呼啦圈内的小朋友要相互拥抱在一起。之后，教师发出口令："找食物去了。"此时，小朋友跟随教师"飞"出圈子，进行各种走、跑、停的练习。当教师发出口令"冬天到了"，幼儿要跑向另一组的呼啦圈内。游戏反复进行。

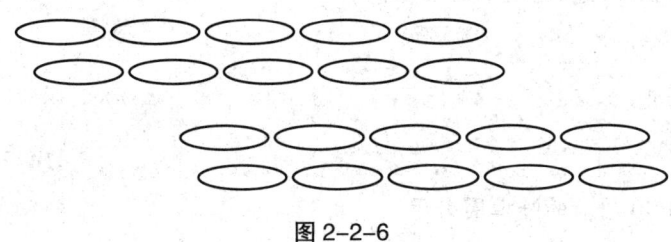

图2-2-6

【指导与建议】

（1）要求幼儿听清教师的口令，做出正确的反应。

（2）提醒幼儿注意不要相互碰撞。

（3）提醒站在同一个圈内的小朋友要相互礼让。

（4）此类游戏为教学性游戏，以教师为主导，因此教师应注意活动节奏的控制，要提醒幼儿注意跑动中的安全。

（5）在场地的安排上，既可以如上所述，也可以把呼啦圈围成一个大圆形；口令既可以如上所述，也可以是各种不同的声音，以锻炼幼儿的反应能力。比如，在场地上随机平放与幼儿人数相等的呼啦圈。教师手摇铃鼓，要求幼儿在场地周围自由地奔跑。教师用手敲击铃鼓一次，表示一个圈可以站一个人，此时幼儿应迅速去抢占圈；完成后，教师再次摇动铃鼓，此时幼儿必须从圈内跑出来。待教师敲击铃鼓两次时，则每个圈内必须站两名幼儿。游戏反复进行。

材料设计与实际运用 3——促进幼儿跳跃动作的发展

游戏 8　跳房子（一）

【游戏目的】

（1）通过呼啦圈的各种组合，让幼儿练习各种基本的跳跃动作，增强幼儿的下肢力量。

（2）增强幼儿在运动中的节奏感。

【游戏对象】

小班幼儿。

【游戏准备】

直径为 40 厘米的呼啦圈若干。

【游戏方法】

方法 1：如图 2-2-7 所示，教师把呼啦圈平放于地面上，让两组呼啦圈近距离排在一起。教师组织幼儿进行以下游戏。

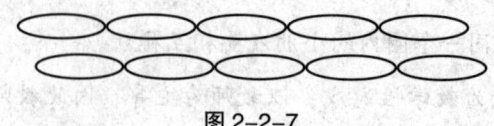

图 2-2-7

直线往返跳：组织幼儿成一路纵队站于一组呼啦圈的一端，要求幼儿运用双脚并跳的方式直线向前跳过第一组呼啦圈，到达终点后，再从另一条路线上跳回。小朋友们依次进行。

分腿跳跃：要求幼儿站在两组呼啦圈的中间，每次向前跳跃时，左右两脚同时分别落在左右两侧的呼啦圈内，分腿向前跳跃。

变向跳跃：在跳跃时，要求幼儿第一次双脚同时落在一侧的第一个圈内，第二次双脚同时落在另一侧的第二个圈内，如此反复变向向前跳跃。

协同跳跃：要求五名幼儿为一组，站在呼啦圈前。跳跃时，要求五名幼儿手牵手，同时向前跳跃，每人跳进自己面前的圈内。之后，再完成二次同步跳跃。如此反复练习。

方法2：如图2-2-8所示，教师把呼啦圈按一个、两个、一个、两个的规律直线放置，然后组织幼儿成一路纵队站于起点处，进行以下游戏。

开并跳：要求幼儿第一步，双脚并拢跳入一个圈内；第二步，双脚分开跳入两个圈内；第三步跳法同第一步，第四步跳法同第二步。游戏反复进行。

单双脚交换跳：要求幼儿把开并跳中的第一步改为单脚跳，第二步还是双脚分开跳，就这样单双脚依次交换向前跳跃。

图2-2-8

【指导与建议】

（1）在以上方法的练习中，要求幼儿必须按照教师的要求轮流进行。

（2）提醒幼儿跳跃时速度不要太快。

（3）此活动适合在户外活动时进行，练习时人数不要太多，注意提醒幼儿控制前后距离，既不要让他们跟得太紧，又不要让后面的幼儿等待太长时间。

（4）集体游戏中，由于人数较多，教师可以采用循环的方式组织幼儿练习（见图2-2-9、图2-2-10）。

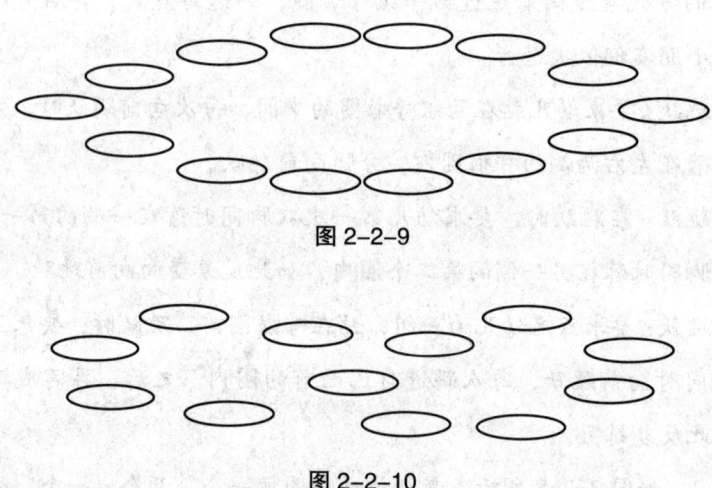

图2-2-9

图2-2-10

游戏9 跳房子（二）

【游戏目的】

（1）锻炼幼儿的跳跃能力，增强幼儿的下肢力量。

（2）在游戏中增加对抗性，以增强幼儿的运动兴趣。

【游戏对象】

中班幼儿。

【游戏准备】

直径为40厘米的呼啦圈若干。

【游戏方法】

方法1：我的挑战。如图2-2-11所示，教师把呼啦圈平放于地面上。在放置时，教师首先应选择一个中心圈，然后把其他呼啦圈依次放在它的周围，但每放一个外围圈时，离中心圈的距离就要增加一点。幼儿在练习时，从中心圈开始挑战，首先跳向最近的一个圈，完成后跳回，再挑战第二个最近的圈。如此反复进行，看幼儿最远能跳到第几个圈。

图 2-2-11

方法 2：对抗赛。如图 2-2-12 所示，教师把若干个呼啦圈排成一条直线，以 12 个为宜，同时把幼儿分成人数相等的两组，要求每组幼儿分别站于直线的两端。游戏开始，听到教师口令后，两组排头幼儿同时向前依次并脚跳进呼啦圈内；当两人相遇时，停止跳跃，用猜拳的方法决定输赢，赢者继续向前跳跃，输者退出，回到本组队伍的最后。之后，输方的第二个幼儿出发，与另一方幼儿相遇后，再次用以上方法决出输赢。游戏反复进行，以一方的小朋友跳进对方的第二个圈内为胜。胜者计一分，此后两组幼儿重新进行比赛。最后，看在规定的时间内，哪组幼儿获的分数最高。

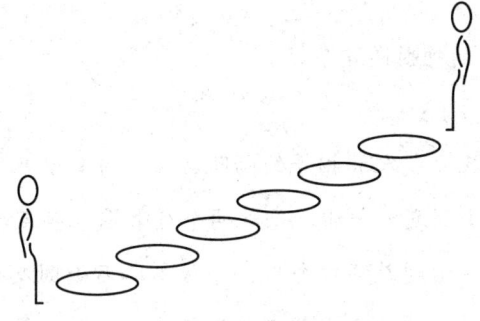

图 2-2-12

【指导与建议】

（1）提醒幼儿听到口令后才能出发。

（2）要求幼儿必须依次跳进每个圈内，相遇后不允许相互推搡，只能用双手相互顶住。

（3）猜拳失败的小朋友必须尽快离开。

（4）此游戏对于中班幼儿来说有一定的难度，因此教师可安排在第二个学期进行。首先要教会幼儿猜拳的方法，其次在游戏中做到分段教学，使幼儿逐步明白游戏规则。初次游戏时，及时提醒幼儿使用正确的方法，同时做好游戏计分工作。

（5）在摆放呼啦圈时，教师应注意圈与圈之间的距离稍微大一点，这样幼儿在相遇时可以减少一定的冲击。

游戏10　我摆你跳

【游戏目的】

（1）带领幼儿练习往返跑及跳跃的动作，增强他们的下肢力量及身体的灵活性。

（2）通过两人间的配合，增强幼儿的合作能力。

【游戏对象】

大班幼儿。

【游戏准备】

直径为40厘米的呼啦圈4个。

【游戏方法】

教师把全体幼儿分成人数相等的两队，要求每队幼儿成纵队站立于起点处，每队前后两个小朋友为一组。每队两个呼啦圈，起点与终点直线相距10米左右。游戏开始，听到教师口令后，每队第二名小朋友把一个呼啦圈放在第一名小朋友的身前，第一名小朋友跳进圈内。之后，第二名小朋友再向终点的方向放第二个呼啦圈，第一名小朋友再跳进圈内。完成后，第一名小朋友转身跑到第二名小朋友的身后帮助他摆圈，让他跳跃。如此一人摆圈，一人跳圈，直到终点。到达终点后，负责拿圈的小朋友把两个呼啦圈拿回起点，交给本队的第二组小朋友。游戏反复进行，看哪一队最先完成。

【指导与建议】

（1）幼儿两人为一组，明确谁摆圈、谁跳圈。

（2）摆放呼啦圈的小朋友，要注意摆放的圈不能太远，跳圈人每次都需要跳进圈内。

（3）此游戏对于大班幼儿来说具有一定的挑战性，因此教师应强调两名小朋友之间要相互合作。把往返跑与跳跃相结合，强度较大，因此比赛的距离不宜太远。教师在游戏中应不断示范，让幼儿明确游戏规则，从而使游戏能顺利进行。

材料设计与实际运用4——促进幼儿钻爬动作的发展

游戏11 穿过小山洞

【游戏目的】

（1）锻炼幼儿各种钻的动作。

（2）增强幼儿运动中的身体灵活性。

【游戏对象】

小班幼儿。

【游戏准备】

如图2-2-13所示，把五个呼啦圈与一根长绳组合，把长绳在每个呼啦圈上绕一圈，使圈位置固定，同时圈与圈之间间隔一米左右。

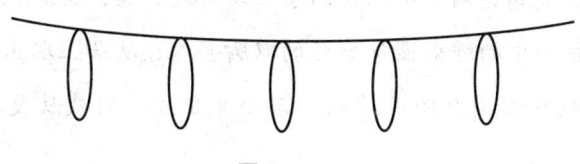

图2-2-13

【游戏方法】

一名教师组织幼儿成一路纵队站于绳子的一端，另外两名教师拉住长绳的两端，使其成直线，并且使每个呼啦圈的底端尽可能贴近地面。游戏开始，小朋友们依次钻或爬过每个圈，到达终点后，跑回队伍后面。一段时间后，教师逐步抬高绳子的高度，让幼儿进行跨钻动作的练习。游戏反复进行。

【指导与建议】

（1）要求幼儿在练习的过程中尽可能不触碰到呼啦圈。

（2）允许幼儿自己选择钻的动作。

（3）此游戏主要是针对小班幼儿设置的，因此使用的呼啦圈数量较多，以便让幼儿可以反复练习。当然，也可在幼儿园的某一位置放置此材料，让幼儿自主练习。

游戏 12　看谁追上谁

【游戏目的】

（1）锻炼幼儿快速钻的能力，提高他们身体的协调性。

（2）以对抗性的游戏方式，增强幼儿练习的趣味性。

【游戏对象】

中班幼儿。

【游戏准备】

2个大呼啦圈。

【游戏方法】

教师组织幼儿面向圆心围成一个大圈，任意选择两个相对的小朋友，把两个呼啦圈分别交到这两个小朋友的手上。游戏开始，听到教师口令后，两个小朋友同时把手中的呼啦圈从自己的双脚套入，从头上取出。完成后，按顺时针方向，把呼啦圈交给身边的第二个小朋友。游戏反复进行，看看哪组最快完成。

【指导与建议】

（1）提醒幼儿必须完成钻圈后才能把圈交给第二名小朋友。

（2）两个呼啦圈的传递必须按同一方向进行。

（3）既可以让幼儿围成一个圆圈操作，也可以让他们排成直线分组比赛。

（4）游戏中，在幼儿动作较为熟练的情况下，教师可适当增加一个呼啦圈，以增加幼儿练习的机会。

游戏13 大家一起来帮忙

【游戏目的】

（1）锻炼幼儿快速钻的能力，提高他们身体的协调性。

（2）以对抗性的游戏方式，增强幼儿练习的趣味性。

【游戏对象】

大班幼儿。

【游戏准备】

2个大呼啦圈。

【游戏方法】

教师把幼儿分成人数相等的两组。教师左右手各执一个大呼啦圈，展开双臂，使两个呼啦圈的高度到达幼儿的胸口位置。游戏开始，教师发出指令，每组小朋友自己商量如何让同组的小朋友安全钻过呼啦圈。每组小朋友自行分工，比如，一部分幼儿负责从圈的一侧抬起一名小朋友，另一部分幼儿负责在圈的另一侧安全地接过这名小朋友。完成后，换人反复进行游戏。

【指导与建议】

（1）要求小组幼儿先讨论好再进行操作。

（2）提醒被抬起的小朋友不能乱动。

（3）此游戏对于幼儿的合作能力是一种挑战，它要求幼儿自己决定整个游戏的过程，同时要分配好人员。因此进行此游戏前，教师要帮助幼儿解决一些问题，以便游戏顺利进行。

材料设计与实际运用 5——促进幼儿其他能力的发展

游戏 14　圈的传递

【游戏目的】

发展幼儿的下肢力量及身体协调能力。

【游戏对象】

中班幼儿。

【游戏准备】

直径为 40 厘米的小呼啦圈 28 个，长绳 4 根。

【游戏方法】

教师把幼儿分成四组，成纵队站立。每组幼儿前面的地面上放置着一根被拉直的长绳，每个幼儿手执一个小呼啦圈。每组先派出一名幼儿站于长绳的末端，双手握住长绳。游戏开始，教师发出指令，每组排头的小朋友把自己手中的小圈套在长绳上，同时和对面小朋友配合，让小圈滑向末端（见图 2-2-14）。当小圈到达末端小朋友的手上时，第二个小朋友继续操作。游戏反复进行，看看哪组最快完成。

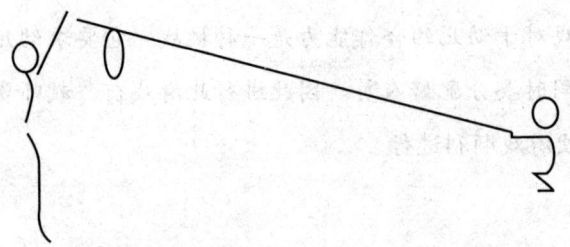

图 2-2-14

【指导与建议】

（1）只有小圈到达终点后，后一个小朋友才能开始操作。

（2）长绳末端的小朋友需及时从长绳上取下到达终点的小圈。

（3）游戏过程中，不允许缩短长绳。

（4）游戏过程中，教师不需要提示幼儿如何操作，要让幼儿自己探索。小圈在长绳上滑动时，长绳两端的幼儿可以使长绳形成一定的角度，也可以快速上下抖动长绳。

游戏15 看谁堆得高

【游戏目的】

（1）发展幼儿的精细动作。

（2）以对抗性的游戏方式，增强幼儿练习的趣味性。

【游戏对象】

中班幼儿。

【游戏准备】

大呼啦圈若干。

【游戏方法】

教师把幼儿分成6组，每组幼儿分配若干个大呼啦圈。游戏开始，听到教师发出指令后，每组小朋友一起把呼啦圈一个接一个堆起来(见图2-2-15)。一段时间后，看看哪一组堆得最高。

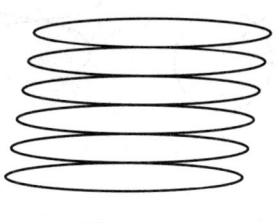

图2-2-15

【指导与建议】

（1）提醒幼儿尽可能把每个呼啦圈都对齐，失败后，可以重新开始。

（2）此游戏是否可操作，主要是由呼啦圈决定的。这就要求教师选择较粗的同时外包有软塑的那种呼啦圈。

游戏 16　拼图案

【游戏目的】

借助大小不同的呼啦圈设计各种图案，发展幼儿的想象能力。

【游戏对象】

大班幼儿。

【游戏准备】

各种大小不等的呼啦圈若干，各种长短不等的塑料棒若干。

【游戏方法】

教师带领全体幼儿在室内活动，把幼儿分成四组，同时在墙壁上粘贴各种以呼啦圈为主的图案设计。每组幼儿根据图片，运用各种呼啦圈及塑料棒进行摆放；也可自行设计图案进行摆放（如图 2-2-16—图 2-2-21），看看哪组摆放得最有创意。

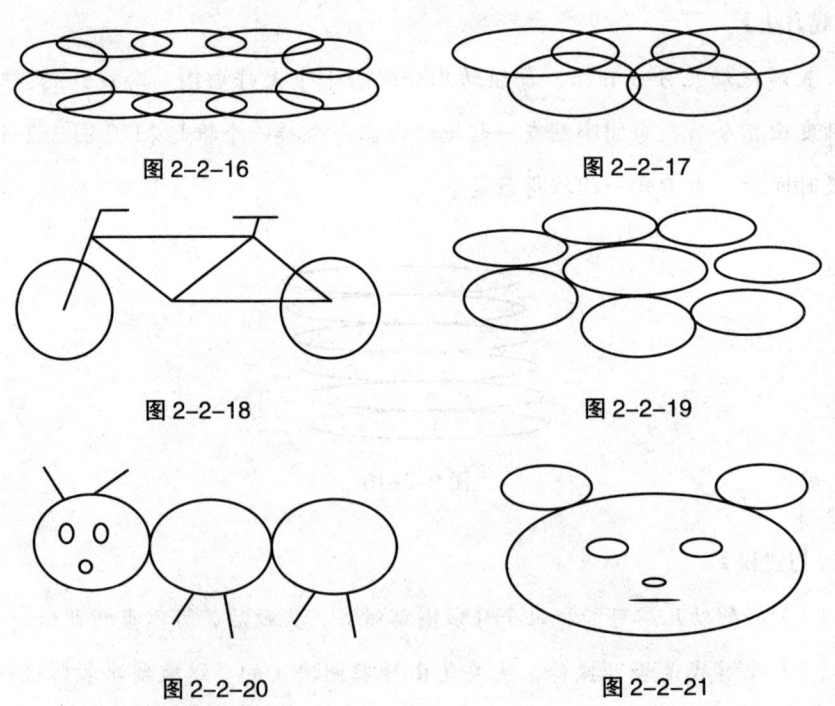

图 2-2-16　　　　　　　图 2-2-17

图 2-2-18　　　　　　　图 2-2-19

图 2-2-20　　　　　　　图 2-2-21

【指导与建议】

（1）小组讨论好后才能够操作，小组间可相互学习、相互模仿。

（2）此游戏是运用呼啦圈及一些简单的辅助材料进行结构性设计的活动，教师也可以设计一些大型的图案，让全体幼儿一起进行摆放。

材料三　球类

材料分析

在专属性体育材料中，球的类型最为丰富。由于球的动态性、操作性、可控性等特点，使其极具趣味性。球是幼儿最喜欢的材料之一。球类的体育活动给幼儿的视觉、听觉、触觉、平衡觉等带来直接的刺激，促进了它们的发展。

几乎每种身体能力都可以借助球类活动来发展。有些球类活动着重于幼儿上肢的发展，有些侧重于幼儿下肢的发展，有些则需要幼儿全身各部位的参与。球类项目主要包括：足球、篮球、排球、曲棍球、乒乓球、羽毛球、网球、手球、橄榄球、高尔夫球、垒球、棒球、壁球、板球、保龄球、台球、康乐球、门球、木球、藤球、珍珠球等。形成的动作主要包括：滚、抛、接、投、掷、拍、踢、停、吹、击、托、顶、控等。同时每种球的活动都可持续较长时间，对于锻炼幼儿肌肉、韧带的力量以及关节的柔韧性、心肺功能等都有重要作用。再者，由于许多球的运动轨迹不确定，因此还能提高幼儿动作的速度、灵敏性、协调能力及准确性等。

在幼儿园中，球类游戏既可由一个人玩耍，也可由两个人或多个人一起玩耍，不同年龄段的幼儿都可找到对应的球的种类及活动方式。因此，教师需要在此方面多加研究，使各种球的活动更好地服务于幼儿的发展。

球类材料的功能、游戏名称及对应年龄分布表

材料功能	游戏名称	小班	中班	大班
促进控球能力发展	球不离身	√		
	夹球行进	√		
	牧羊人		√	
	夹球跳		√	
	蜘蛛送货			√
	同心协力			√
	篮球控球技能			√
促进传球能力发展	流水线	√		
	胯下传球		√	
促进托球能力发展	服务员	√		
	掉不下来		√	
	三角运球			√
促进抛滚球能力发展	向我滚过来	√		
	有趣的保龄球		√	
	躲手雷			√
促进抛接球能力发展	衣服兜兜	√		
	抛球进退步		√	
	飞起的羽毛球			√
	叫名字抛接球			√
促进击球能力发展	木球	√		
	棒球			√
促进拍球能力发展	轮换拍球		√	
	拍球移动			√
	对抗			√

续表

材料功能	游戏名称	小班	中班	大班
促进踢球能力发展	最强腿力	√		
	花样踢球		√	
	球进了			√

材料设计与实际运用 1——促进幼儿控球能力的发展

游戏 1 球不离身

【游戏目的】

（1）通过开展各种与球相关的活动，提高幼儿对球的认识和他们身体的基本控制能力。

（2）在与幼儿互动的过程中，增强他们的集体活动意识。

【游戏对象】

小班幼儿。

【游戏准备】

小皮球 25 个，各种障碍物若干（包括可以绕行的障碍物、跨越的障碍物、钻行的障碍物等）。

【游戏方法】

每个幼儿手执一个小皮球，在教师的带领下在场地上练习控球。

方法 1：教师带领幼儿双手执小皮球，按照一定的路线绕过、跨过或钻过各种障碍物，把球从一个地方运送到另一个地方。

方法 2：教师要求幼儿把小皮球放在地上，同时以蹲着走的方式，用双手控制球行进，使球始终在自己的身边；一定时间后，要求幼儿把球放在地上，用单手控制小皮球按照指定的路线行进，使球始终在自己的身边。

方法3：教师要求幼儿成手膝着地爬行的姿势，把小皮球放在肚皮下面，用身体始终控制着球跟着自己行进。

【指导与建议】

（1）要求幼儿听从教师的要求，按照正确的路线依次行进。

（2）在游戏过程中，提醒幼儿始终让皮球在自己的身边。

（3）此游戏主要让幼儿用身体的不同部位与球接触，用逐步递进的方式发展幼儿的控球能力。教师应注意活动内容的安排顺序，使幼儿的能力有序地发展。

（4）游戏过程中，在直线练习的基础上，教师可以不断地增加方位的变化，如向前、向后、向左、向右等，以增加幼儿练习的难度与趣味性。

（5）除了用手、身体控球外，还可以鼓励幼儿选择用头、脚等部位控球，以锻炼幼儿用身体的更多部位控球的能力。如果幼儿选择用头控球，可以运用健身球用爬行的方式进行；如果幼儿选择用脚控球，可以玩单脚交替踩球、双脚移动控球等。

游戏2 夹球行进

【游戏目的】

（1）锻炼幼儿对球的控制能力。

（2）用不同的运球方式增强幼儿游戏的趣味性。

【游戏对象】

小班幼儿。

【游戏准备】

小皮球4个，平衡木2根。

【游戏方法】

教师组织幼儿排成两路纵队分别站于两根平衡木的起点前，每队排头幼儿分别将一个小皮球夹于腋下。游戏开始，听到教师发出指令后，排头的小朋友夹球从平衡木的起点走至终点，再从终点跳下，快速回到起点，把球交给下一名幼儿。游戏依次进行，看谁夹得牢。

【指导与建议】

（1）要求幼儿必须把球夹在腋下。

（2）若球落地，需捡回夹好后再出发。

（3）一次运送多球，对于小班幼儿来说具有一定的挑战性。因此活动中，教师应给予幼儿更多的指导。

（4）多次练习后，教师可以让幼儿自己想办法尝试运送3个球。

（5）此游戏需要组织幼儿先在地面上练习，再在平衡木上走。

游戏3　牧羊人

【游戏目的】

（1）通过手执材料控制皮球，锻炼幼儿的控球能力。

（2）增强幼儿的上肢力量，提高他们身体的灵活性。

【游戏对象】

中班幼儿。

【游戏准备】

小皮球30个，羽毛球拍30只。

【游戏方法】

幼儿随机站在场地上，每个幼儿有一只羽毛球拍和一个小皮球。当教师发出指令"把小羊赶到草地上去吃草"，幼儿要用羽毛球拍把皮球拨动到指定的位置；一定时间后，当教师再次发出指令"小羊回家了"，幼儿要按照一定的路线用球拍把皮球拨动到指定地点。游戏反复进行。

【指导与建议】

（1）提醒幼儿自己的皮球要始终在自己身边。

（2）要求幼儿按照教师指定的路线行进。

（3）此游戏主要强调幼儿运用手中的材料控制球。此类游戏方式很多，教师可以在控制杆、球及幼儿的动作技能上不断地寻求变化，促使幼儿的能力逐步提高。比如，控制杆可以是球拍、扫帚、小木板、木棒或曲棍球棒等；球可以是皮球、弹力球、海洋球等；动作技能可以是直线带球、往返带球、变向带球及抢控球等。从中班开始，此内容可以作为幼儿园教学活动与自主活动的内容之一。

游戏 4 夹球跳

【游戏目的】

（1）通过双腿夹球跳跃，锻炼幼儿的下肢力量。

（2）发展幼儿身体的自我控制能力。

【游戏对象】

中班幼儿。

【游戏准备】

小皮球 4 个。

【游戏方法】

教师组织幼儿分成四组成四路纵队分别站在起跑线上，起点至终点约 10 米。每组幼儿一个小皮球，排头幼儿将皮球夹在两腿中间。游戏开始，听到教师发出指令后，排头幼儿双腿夹球，从起点跳行至终点返回，将球交给下一个幼儿，下一个幼儿接到球后再夹球出发。游戏依次进行，看哪一组最先完成。

【指导与建议】

（1）指导幼儿用踝关节夹球。

（2）若球落地，幼儿需要重新夹好后再出发。

（3）夹球练习对于幼儿的腿部内侧力量要求较高，同时需要幼儿有较好的控球能力，因此集体比赛前，应让幼儿进行充分的练习。

游戏 5 蜘蛛送货

【游戏目的】

（1）通过"蜘蛛行"动作的练习，增强幼儿上下肢的协调能力。

（2）通过对球的控制，发展幼儿身体的控制能力。

【游戏对象】

大班幼儿。

【游戏准备】

小皮球4个。

【游戏方法】

教师组织幼儿排成四路纵队，要求每个人都面向终点坐着。起点与终点相距5米，排头幼儿双腿之间膝关节处夹一个小皮球。游戏开始，听到教师发出指令后，排头幼儿夹着球，以坐着向前行进的方式移动身体，至终点处返回，把球交给下一个小朋友。游戏依次进行，看哪一组最快完成。

【指导与建议】

（1）提醒幼儿准备好后才能出发。

（2）若球落地，幼儿需捡起夹好后再出发。

（3）此游戏主要强调幼儿手脚协调能力的发展。在游戏前，可以先让幼儿在无球的情况下多次练习，熟练后再进行此游戏。

（4）幼儿也可以把沙包等较为稳定的材料放在肚子上进行操作，动作方面也可以有更多样化的选择。

游戏6 同心协力

【游戏目的】

（1）通过两人间的合作，锻炼幼儿动作的协同能力。

（2）增强幼儿侧向并步跑的能力。

【游戏对象】

大班幼儿。

【游戏准备】

小皮球2个。

【游戏方法】

教师组织幼儿分成两队,每队一个小皮球。每队幼儿两人一组面对面站立,将皮球夹于两人肚子之间,并且相互抱紧。游戏开始,教师发出指令后,两名幼儿夹球同时向前行进至终点处,再从终点处绕回至起点,把球交给下一组幼儿。游戏依次进行,看哪一组完成得最快。

【指导与建议】

(1)同组两人必须抱紧,把球夹牢。

(2)若球落地,幼儿需捡起夹好后再出发。

(3)此游戏在动作选择上,可以是侧向并步走,也可以是侧向并步跑,还可以让幼儿根据自己的能力自由选择;同时,要注意幼儿的安全。

(4)除了用肚皮夹球外,还可以采用背部、头部等身体部位夹球进行游戏。

游戏 7 篮球控球技能

【游戏目的】

(1)通过一系列控球动作的练习,提高幼儿对篮球的控球能力。

(2)增强幼儿的上肢力量及身体的灵活性。

【游戏对象】

大班幼儿。

【游戏准备】

小篮球 30 个。

【游戏方法】

幼儿随机站在场地上,每个幼儿手执一个小篮球,跟随教师进行练习。

方法 1:单手拨控球。幼儿把球放于地面,身体前屈,用一只手拨控小篮球,可在原地把球向前、向后、向左、向右、转圈拨动,也可在身体移动的同时把球向各个方向拨动。

方法 2:双手拨控球。幼儿可以把球放于地面,身体前屈,两脚左右分开站立,用双手在体前左右拨控小篮球,并不断增大传球的距离;也可以让身体成弓步姿势，在跨下用两手拨传球；还可以蹲下身体，在身后拨传球等。

方法3：身体绕控球。幼儿可以单手交替执球，使球绕腰部转动；可以半蹲，单手交替执球，使球绕双腿转动；可以让身体成弓步，双手在胯下传接小篮球；还可以双脚大幅度分开站立，双手在胯下传接小篮球，可把球从前向后经胯下传接，也可把球从身后向前经胯下传接。

【指导与建议】

（1）要求幼儿做到皮球始终控制在自己的手上。

（2）要求幼儿动作规范、合理。

（3）此活动涉及一定的专项动作技能的练习，主要强调幼儿控球规范动作的不断完善。活动中，教师应循序渐进，不断促进幼儿相关能力的发展。除了篮球外，幼儿园也常进行足球控球能力的练习，包括双脚交替踩踏球、单脚脚底拨控球、双脚脚底交替拨控球、双脚脚弓交替拨控球、双脚脚背拨控球等。

材料设计与实际运用2——促进幼儿传球能力的发展

游戏8　流水线

【游戏目的】

（1）提高幼儿传接球的速度及相互配合的能力。

（2）发展幼儿定向跑动的能力，锻炼他们的基本组织能力。

【游戏对象】

小班幼儿。

【游戏准备】

小皮球2个。

【游戏方法】

教师组织幼儿排成两列横队站在起跑线上，排头的两名幼儿各执一个小皮球。游戏开始，听到教师发出指令后，排头的两名幼儿分别将球传给旁边的小朋友，旁边的小朋友再把球传给自己旁边的幼儿，就这样依次传送直至把球传送给最后一名幼儿。最后一名幼儿双手抱球跑至排头，再依次传球。游戏反复进行。

【指导与建议】

（1）队尾的幼儿只有拿到球后，才能跑向排头。

（2）队尾的幼儿到了排头后，要主动排到队里，使队形保持直线。

（3）针对小班幼儿，此游戏在组织方面具有一定的挑战性。因此，可把它安排在小班下学期进行。

（4）在游戏之前，应选择多名幼儿进行示范，强调游戏的规则。

游戏9　胯下传球

【游戏目的】

（1）通过传递动作的练习，发展幼儿动作的协调性。

（2）提高幼儿的集体组织能力。

【游戏对象】

中班幼儿。

【游戏准备】

小皮球2个。

【游戏方法】

教师组织幼儿排成两路纵队，要求排头幼儿双手握球。游戏开始，听到教师发出指令后，排头的两名幼儿用双手将球从胯下传送给下一名幼儿，第二名幼儿如第一名幼儿一样向后传送球，直至传送给最后一名幼儿。最后一名幼儿接到球后双手抱球跑至排头，再按以上方法依次传递球。游戏反复进行，直到每个幼儿都跑动一次后，游戏结束。

【指导与建议】

（1）提醒幼儿每次传递时，必须把球交到后一个小朋友的手里才算完成，不允许把球抛出去。

（2）除了胯下传球，也可以把球从头上传过或从胯下滚过，还可以从身体的左侧或右侧传递等。

（3）对于教师来说，开展此类游戏的最大难题在于组织上。因此教师应反复让幼儿进行练习，以便游戏可以顺利进行。

材料设计与实际运用3——促进幼儿托球能力的发展

游戏10　服务员

【游戏目的】

（1）锻炼幼儿行进间身体的控制能力及双手的平衡能力。

（2）培养幼儿的规则意识。

【游戏对象】

小班幼儿。

【游戏准备】

托盘4个，海洋球4个。

【游戏方法】

教师把幼儿分成四路纵队，并让他们站在起跑线上。排头幼儿一人一个托盘和一个海洋球，并将海洋球置于托盘上。游戏开始，教师发出指令："送餐了。"此时，排头幼儿要双手端起托盘向前行走至指定地点后再绕回至起点处，将托盘交与下一个幼儿。游戏依次进行，比赛哪一组运得又快又稳。

【指导与建议】

（1）提醒幼儿用双手托盘且球不能掉落，若掉落需捡起后再出发。

（2）要求幼儿按照教师指定的路线行进。

（3）让小班幼儿分组进行游戏难度较大，因此此游戏可以在小班下学期进行。材料足够时，可以给每个幼儿一个托盘和一个海洋球，让他们跟随教师进行定向走动的练习。在练习中,也可以采用下蹲、侧向并步、后退等动作以增加难度。

游戏11 掉不下来

【游戏目的】

（1）锻炼幼儿的平衡能力及手臂控制能力。

（2）提高幼儿的合作能力。

【游戏对象】

中班幼儿。

【游戏准备】

托盘4个,塑料杯子4个,皮球4个。

【游戏方法】

方法1：教师把幼儿分成四路纵队,并让他们站在起跑线上。排头幼儿一人一个杯子和一个皮球,并将皮球置于杯子上。游戏开始,教师发出指令："出发了。"此时,排头幼儿双手握住杯子向前行走至指定地点后再绕回到起点处,将杯子和皮球交与下一个幼儿。游戏依次进行,比赛看哪队运得又快又稳。

方法2：教师把幼儿分四路纵队,要求每队幼儿两人一组面对面站在起跑线上。排头每组幼儿一个托盘和一个皮球,并将皮球置于托盘上。游戏开始,教师发出指令："出发了"。此时,排头两名幼儿合作,双手端起托盘向前行走,至指定地点后再绕回到起点处,将托盘交与下一组幼儿。游戏依次进行,比赛看哪队运得又快又稳。

【指导与建议】

（1）球不能掉落,若掉落需捡起后再出发。

（2）提醒幼儿行进中手不能触碰皮球。

（3）针对中班幼儿,托球的难度应有所增加。方法1主要锻炼幼儿双手执杯运球的能力,方法2主要锻炼幼儿同伴间的合作能力。游戏前,也可让两名幼儿面对面、手牵手进行预备练习。

游戏12 三角运球

【游戏目的】

（1）锻炼幼儿的平衡能力及身体控制能力。

（2）在合作中提高幼儿的协同能力。

【游戏对象】

大班幼儿。

【游戏准备】

呼啦圈2个，皮球2个，短绳6根。

活动材料制作方法：把3根短绳等距离地系在呼啦圈上，而呼啦圈上正好可以放一个皮球（见图2-3-1）。

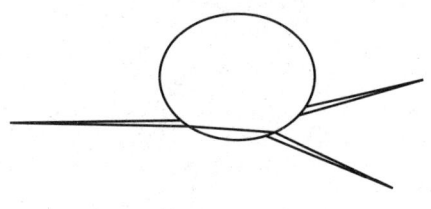

图2-3-1

【游戏方法】

教师把幼儿分成两队，要求每队三人一组，成纵队站在起跑线上。每队排头的一组幼儿一个呼啦圈和一个小皮球，并将小皮球置于呼啦圈上，每人分别握住呼啦圈上的绳子。游戏开始，教师发出指令："出发。"此时，排头的三个幼儿分别用力向外拉紧绳子，使球保持平稳状态，向前行走至指定地点后再绕回到起点处，将呼啦圈和球交与下一组幼儿。游戏依次进行，比赛看哪队运得又快又稳。

【指导与建议】

（1）球不能掉落，若掉落需捡起后再出发。

（2）摆放球时，可以请其他小朋友帮忙。

（3）比赛前，可以让幼儿反复练习。

（4）游戏后期，可以不断地增加绳子的长度和每组幼儿人数，以增加游戏的难度。

材料设计与实际运用 4——促进幼儿抛滚球能力的发展

游戏 13 向我滚过来

【游戏目的】

（1）锻炼幼儿的手眼协调能力，提高幼儿对球的控制能力。

（2）增强幼儿间的合作能力。

【游戏对象】

小班幼儿。

【游戏准备】

小皮球 12 个。

【游戏方法】

方法 1：教师把幼儿分成两人一组面对面站立，两人间隔 3～4 米。每组一个皮球。游戏开始，执球的幼儿单手抛滚球，对面的幼儿用双手接球。两人相互轮换进行游戏，并比赛看谁滚得直、接得准。

方法 2：教师把幼儿分成两人一组面对面站立，两人间隔 3～4 米。每组一个皮球。游戏开始，执球的幼儿单手抛滚球，对面的幼儿用脚把球停住。两人相互轮换进行游戏，并比赛看谁滚得直、接得准。

方法 3：教师把幼儿分成两人一组，要求一个幼儿背向另一个幼儿并双手执球，两个幼儿间隔 3～4 米。执球的幼儿双脚分开站立，身体前屈。游戏开始，执球的幼儿用双手把球从自己的胯下滚出，另一个幼儿用双手接住球。两人相互轮换进行游戏，并反复练习。

【指导与建议】

（1）提醒幼儿按照教师的要求滚球。

（2）要求幼儿不要随意变换原来的位置。

（3）对于小班幼儿来说，抛滚球的主要难点在于掌握合理的执球方法。因此在练习中，教师应引导他们从双手执球过渡到单手执球，从控制小球过渡到控制大球；应让幼儿反复练习，逐步提高他们执球的能力。

游戏 14　有趣的保龄球

【游戏目的】

（1）锻炼幼儿抛滚球的准确性及力度。

（2）增强幼儿身体的协调能力。

【游戏对象】

中班幼儿。

【游戏准备】

皮球 7 个，塑料瓶子 42 个。

【游戏方法】

教师把幼儿分成四人一组，分给每组幼儿 1 个皮球和 6 个瓶子。教师把 6 个瓶子立在地面上，呈三角形摆放，幼儿与瓶子间隔 4～5 米。游戏开始，第一个执球的幼儿单手抛滚球去击打瓶子，第二个幼儿则需要将瓶子摆放好再进行游戏。四人轮换进行，看谁抛得直、滚得准。

【指导与建议】

（1）提醒幼儿，抛滚球前必须保证 6 个瓶子都是立起来的。

（2）要求幼儿不能超过起点线抛滚球。

（3）游戏中，还可以用易拉罐、积木、鞋盒等代替瓶子，把它们堆高或堆宽。此外，随着幼儿抛滚球准确性的提高，还可以不断地增加抛滚的距离。

游戏15 躲手雷

【游戏目的】

（1）在对抗性的游戏中，不断增强幼儿的抛滚及躲闪能力。

（2）提高幼儿游戏的趣味性。

【游戏对象】

大班幼儿。

【游戏准备】

皮球1个。

【游戏方法】

教师把幼儿分成三组，要求每组幼儿围成一圈，并选出一名幼儿站在圈内。游戏开始，外圈的幼儿把皮球滚向圈内幼儿的脚，圈内的幼儿运用各种动作躲避。若球触到圈内的幼儿，则圈内的幼儿需要与抛球者进行角色交换。教师可逐渐增加圈内幼儿的人数以增加难度。游戏反复进行，看谁滚得准、躲得快。

【指导与建议】

（1）提醒幼儿，球必须在地面上滚动，不能抛起。

（2）为了使更多的幼儿参与到游戏中，每组幼儿的人数不要太多。教师还可引导外圈的幼儿相互配合，使击中圈内幼儿的可能性增加。

材料设计与实际运用5——促进幼儿抛接球能力的发展

游戏16 衣服兜兜

【游戏目的】

（1）提高幼儿的抛准能力。

（2）运用趣味性的游戏方式，增强幼儿的游戏兴趣。

【游戏对象】

小班幼儿。

【游戏准备】

海洋球12个，衣服24件。

【游戏方法】

教师把幼儿分成两人一组，两人间隔2米面对面站立。每组一个海洋球。每个幼儿都反穿衣服，使衣服的背部在胸前。游戏开始，执球的幼儿用手把球抛出，对面的幼儿双手捏住衣角，用衣服将球接住。两人轮换进行，看谁抛得远、接得准。

【指导与建议】

（1）提醒幼儿相互之间配合，尽可能抛准、接稳。

（2）抛球时，要求幼儿手由低向高抛起。

（3）小班幼儿对于抛接动作的控制能力较差，因此每组两个幼儿之间的距离不应太远，以帮助他们获得更多的成就感。

（4）游戏过程中，教师还可以让幼儿把海洋球放在衣服内抛给对方，另一名幼儿也要用衣服来接，以增强游戏的趣味性。

游戏17 抛球进退步

【游戏目的】

（1）挑战幼儿抛接球的能力，不断提高幼儿对球的控制能力。

（2）增强幼儿间的合作能力。

【游戏对象】

中班幼儿。

【游戏准备】

小皮球15个。

【游戏方法】

教师把幼儿分成两人一组，并分给每组一个小皮球。每组两人间相距两米左右，面对面站立。游戏开始，执球的幼儿用手将球抛给对面的幼儿，对面的幼儿每接住一次，就向后退一步。两人轮换进行，逐渐增加抛球的距离，看看哪一组能在更远的距离内进行抛接。

【指导与建议】

（1）提醒幼儿成功接住球时，接球的小朋友要向后退一步；失败时，抛球的小朋友要向前进一步。

（2）提醒两人相互配合，要求抛得准、接得稳。

（3）准确地抛接，对于中班幼儿来说具有一定的难度。因此，游戏的距离应由幼儿根据自己的能力确定，使他们在不断的挑战中获得成就感。

（4）在活动形式上，也可以让幼儿3人或4人一组进行游戏。

游戏18　飞起的羽毛球

【游戏目的】

（1）采用背对抛接的方法，增强幼儿抛接的能力。

（2）提高幼儿游戏的趣味性。

【游戏对象】

大班幼儿。

【游戏准备】

羽毛球若干，小筐15个。

【游戏方法】

教师把幼儿分成两人一组，要求一人手拿若干羽毛球，背对另一名幼儿；另一名幼儿则双手执一小筐。游戏开始，执球的幼儿单手把球向后抛出，背后的幼儿用小筐尽可能接到球。两人相互配合，看哪一组接到的球最多。

【指导与建议】

（1）要求幼儿之间互相配合，尽可能抛得准、接得多。

（2）提醒抛的幼儿尽可能把球抛得高些，让后面的幼儿有尽可能多的反应时间。

（3）本游戏之所以采用羽毛球作为主要材料，是因为羽毛球便于拿放，同时落下后不容易弹起。

（4）此游戏的难点在于接球的准确性上。因此在进行此游戏之前，可让两名幼儿先面对面进行练习，待幼儿接球的成功率提高后再进行此游戏。

游戏 19　叫名字抛接球

【游戏目的】

（1）增强幼儿对球的控制能力。

（2）增强幼儿身体的协调能力。

【游戏对象】

大班幼儿。

【游戏准备】

小皮球 30 个。

【游戏方法】

方法 1：教师组织幼儿在规定的场地内随意站立。幼儿前后左右间保持一定的距离，并且每个幼儿手执一个小皮球。游戏开始，听到教师口令后，幼儿单手把球垂直向上抛出，当球落下来后，再把球接住，看谁抛得直、接得稳。游戏反复进行。

方法 2：教师把幼儿分成两人一组，让两个幼儿面对面站立，且每人一个皮球。游戏开始，两个幼儿一起喊："1、2、3。"当喊到"3"时，两人一起把手中的球垂直抛出，之后，快速跑向对方的球，看谁能在球在地面上反弹次数最少的情况下接到球。游戏反复进行。

方法 3：教师组织幼儿围成两个大圈，每个圈中选出一名幼儿站于圈内并双手执球。游戏开始，执球的幼儿向上垂直抛出球，同时叫出本圈任意一名小朋友的名字，被叫到名字的幼儿需要快速跑上前接球，只要在球还在弹跳时接住就算成功。不论成功与否，都由该幼儿继续进行抛球游戏。游戏依次进行。

【指导与建议】

（1）提醒幼儿抛球时尽可能垂直向上抛出，如果抛得太斜必须重抛。

（2）方法3中，要求幼儿抛出球的同时，必须喊出一名小朋友的名字。

（3）3个游戏从幼儿的独自练习，到两人间的练习，再到群体游戏，强调让幼儿逐步获得垂直抛球的能力。如果前两种游戏不能完成，最后一个游戏不要急于开展。

（4）在最后一个游戏中，教师把幼儿分成两组，是为了让更多的幼儿参与到游戏中来，因此教师要注意引导幼儿去叫没有叫到过的小朋友的名字。

材料设计与实际运用6——促进幼儿击球能力的发展

游戏20　木球

【游戏目的】

（1）锻炼幼儿上肢的协调能力。

（2）促进幼儿手眼协调能力的发展。

【游戏对象】

小中班幼儿。

【游戏准备】

小木球25个，由塑料棒和塑料小瓶制作的小锤25个（见图2-3-2），自制的挂铃若干（见图2-3-3），自制小翻板若干（见图2-3-4）。

【游戏方法】

教师在场地上设置各种目标物，可以是挂起的小铃铛或小翻板。场地要大，且场地上既要有平整的地方，也要有不平整的地方。教师给每个幼儿一个小锤和一个小木球。游戏开始，每个幼儿手执小锤击打小木球，让小木球击打一个个目标物，看谁能击中所有目标物。

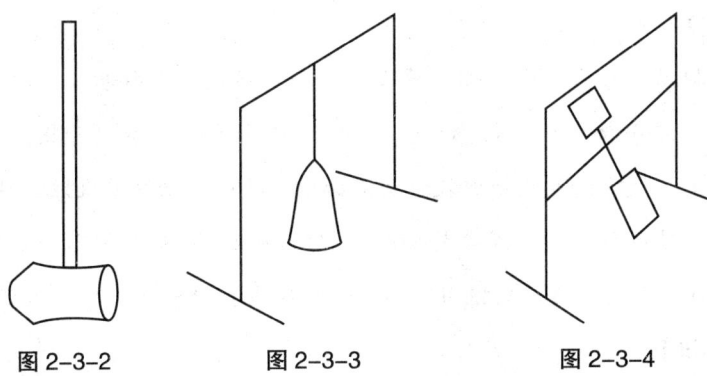

图 2-3-2　　　　　图 2-3-3　　　　　图 2-3-4

【指导与建议】

（1）提醒幼儿只能让小木球在地面滚动，不能过分用力击打。

（2）提醒幼儿只有当小木球静止时，才能去击打。

（3）此游戏为自主性体育游戏，旨在通过有效环境的布置以及材料的投放，来达到让幼儿自主练习的目的。因此，活动内容既要有趣，又要具有一定的挑战性，这就需要教师精心设计。

（4）在中班开展此游戏时，可以采用两人间相互击球的方法，即两人在场地上随机放好自己的球，猜拳决定次序，胜者先用小锤击打自己的球，当自己的球能碰到对方的球时获胜。如此反复进行，看谁能先打到对方的球。

游戏 21　棒球

【游戏目的】

（1）锻炼幼儿上肢的协调能力及力量。

（2）促进幼儿合作能力的发展。

【游戏对象】

大班幼儿。

【游戏准备】

刺刺球 15 个，塑料棒 15 根（棒长 60 厘米左右）。

【游戏方法】

教师把幼儿分成两人一组,要求两人面对面站立。每组一人双手执刺刺球,另一人双手执一根塑料棒,两人相距1.2米左右。游戏开始,听到教师发出指令后,执球的幼儿把球轻轻向前抛出,执棒的幼儿看准球,挥棒击打。打中后,执球的幼儿快速跑去捡回球,继续抛球。一定时间后,两人互换角色进行游戏。如此反复进行练习,看谁能把球击打得最远。

【指导与建议】

(1)提醒每组两人相互配合,并且要求抛球的幼儿不要把球抛得太高。

(2)提醒击球的幼儿原地站好,不能随便移动双脚,以便使自己与对面的小朋友保持合理的距离。

(3)此游戏对于幼儿之间的配合以及击球幼儿的手眼协调能力都具有一定的挑战性。在游戏开展过程中,教师应注意强调两人间的距离,以保证游戏的安全性。

材料设计与实际运用7——促进幼儿拍球能力的发展

游戏22 轮换拍球

【游戏目的】

(1)锻炼幼儿的拍球能力。

(2)提高幼儿快速反应的能力。

【游戏对象】

中班幼儿。

【游戏准备】

小篮球15个。

【游戏方法】

方法1:教师把全体幼儿分成两人一组,要求两人面对面站立,并且分给每组一个小篮球。游戏开始，执球的幼儿单手连续拍球三下，完成后，球不停，由另一名小朋友接着再拍三下。两人轮换进行，看哪一组坚持的时间最长。

方法2：教师把幼儿分成四路纵队，每队一个小篮球。游戏开始，排头幼儿首先在原地连续拍球三下，完成后，球不停，由第二个小朋友接上再原地拍三下，每队小朋友轮换进行，拍完球的小朋友跑到本队的末尾。游戏反复进行，看哪队坚持的时间最长。

【指导与建议】

（1）方法1中，每人在原地只能连续拍球三下。

（2）方法2中，提醒幼儿注意保持好队伍的秩序。

（3）原地拍球的练习，从小班开始就可以进行；到了中班，更强调拍球的稳定性及幼儿间相互配合的能力。此游戏过程中，教师应提醒幼儿不要把球拍得太高或太低，相互之间应注意配合，以便长时间拍球。

（4）在难度的递进上，教师可以要求两个幼儿每人拍一球，三次后，相互交换球。此方法，也可以增加到三人或四人，同步进行。

（5）方法2中，每队人数不要太多，要让幼儿有更多练习的机会。

游戏23 拍球移动

【游戏目的】

（1）在运动中，锻炼幼儿拍球的能力及对球的控制能力。

（2）强调互相配合，促进幼儿合作能力的发展。

【游戏对象】

大班幼儿。

【游戏准备】

小篮球14个。

【游戏方法】

方法1：教师把幼儿分成人数相等的两组，一组练习，一组休息。第一组练习时，每个幼儿手执一个小篮球，在原地拍球。游戏开始，拍球的幼儿看教师的手势，当教师的手势指向左时，幼儿拍球移向左侧；当教师的手势指向右时，幼儿拍球移向右侧。在此过程中，教师可选择各种手势。除了各个方位外，还可增加蹲下、起立、转圈等动作。一定时间后，换另一组游戏。游戏如此反复交替进行。

方法2：教师把幼儿分成四组，成纵队站立，各组之间保持一定的间隔，并给每组排头幼儿一个小篮球。游戏开始，听到教师的口令后，每组排头幼儿快速拍球绕自己的队伍一圈，回到自己原来的位置，球不停，由第二个幼儿接着拍球。第二个幼儿同样绕自己的队伍一圈，回到原位，球不停，由第三个幼儿接着拍。如此反复，看哪一组最先完成。

【指导与建议】

（1）整个游戏过程中，篮球应始终在运动中。

（2）方法2中，提醒幼儿必须拍球绕自己的队伍一圈才算完成。

（3）提醒每组前后的幼儿保持一臂间隔。

（4）此游戏主要强调幼儿拍球移动能力的运用。游戏中，教师应注意幼儿跑动的路线是否正确，球被交换时是否始终保持在运动中。

（5）类似方法2的拍球接力的游戏方式还有很多。比如，从队形来看，可以让幼儿围成圆形进行接力；从路线来看，可以让幼儿绕过每个小朋友进行接力等。

游戏24　对抗

【游戏目的】

（1）进一步强调幼儿拍球能力的运用。

（2）在对抗中发展幼儿的控球能力。

【游戏对象】

大班幼儿。

【游戏准备】

小篮球 15 个。

【游戏方法】

教师把幼儿分成两人一组,分给每组一个篮球。游戏开始,执球的幼儿单手拍球,并用身体保护好球,另一名幼儿用手去抢球,若抢球成功,则角色互换。

【指导与建议】

(1)要求幼儿不能用手抱球。

(2)在抢球过程中,抢球的幼儿不能让自己身体的任何部位触到拍球的幼儿。

(3)此游戏的对抗性较强,对于幼儿的拍球能力及抢球能力要求较高,教师应在评估幼儿具有此能力后再开展游戏。

(4)教师也可以在一定的范围内,采用三人抢三人的方式开展此游戏,这对幼儿的控球能力及反应能力提出了更大的挑战。

材料设计与实际运用 8——促进幼儿踢球能力的发展

游戏 25 最强腿力

【游戏目的】

(1)增强幼儿下肢摆动的幅度及协调能力。

(2)加强幼儿的下肢力量。

【游戏对象】

小班幼儿。

【游戏准备】

小足球 12 个。

【游戏方法】

教师把幼儿分成两组,一组练习,一组准备。第一组幼儿面对墙壁且距离墙壁2～3米,左右间隔一定距离依次排开,每人一个小足球。游戏开始,听到教师发出指令后,第一组所有幼儿用脚将球用力踢向墙壁,看谁的足球反弹得最远;完成一次后,第二组进行。游戏反复进行。

【指导与建议】

(1)要求每组幼儿听从教师的口令,一起踢球。

(2)针对小班幼儿的踢球行为,教师不需要过分强调动作的准确性,只要幼儿敢于尝试就可以。在初次练习时,教师也可以提供较软的刺刺球代替足球。

游戏26 花样踢球

【游戏目的】

(1)增强幼儿的下肢力量。

(2)引导幼儿感受各种踢球动作。

【游戏对象】

中班幼儿。

【游戏准备】

装有小足球的网兜30个。

【游戏方法】

教师组织幼儿在规定的场地内随意站立,发给每人一个装有小足球的网兜,要求幼儿单手拎兜,跟随教师进行练习。游戏开始,教师做出各种踢球动作,幼儿模仿,如正脚背踢球、脚弓踢球、外脚背踢球、大腿垫球等。如此反复进行练习。

【指导与建议】

(1)提醒幼儿控制力量,让球适当弹起。

(2)要求幼儿模仿教师的动作进行练习。

（3）在让中班幼儿感受各种踢球动作时，可以先采用此方法让他们进行练习，以便帮助他们不断地体会正确的动作。教师在示范时，动作应规范。

（4）可以把此材料固定在幼儿园户外的某一地方，悬挂起来，便于幼儿自主练习。

游戏27　球进了

【游戏目的】

（1）锻炼幼儿脚弓推球的准确性。

（2）增强幼儿游戏的趣味性。

【游戏对象】

大班幼儿。

【游戏准备】

小足球28个，箩筐4个。

【游戏方法】

方法1：教师将幼儿分成两人一组，要求两人面对面站立，且间隔4米左右。每组一个小足球，并且把足球放于地面。游戏开始，一名幼儿双脚分开站立，另一名幼儿用脚弓将球推向对面的幼儿，看球是否能穿过对面幼儿的胯下。如果能穿过，则角色互换。如此反复进行练习，看谁踢得准。

方法2：教师将幼儿分成四组，每组一个箩筐，且每人一个小足球。箩筐与幼儿之间距离6米左右，且箩筐口面向幼儿。游戏开始，听到教师发出指令后，每组幼儿依次用脚弓踢球，看哪一组踢进箩筐内的球最多。如此反复进行练习。

【指导与建议】

（1）提醒幼儿按次序踢球，踢进后球滚出也算进。

（2）运用脚弓推球是足球的基本功之一。教师应引导幼儿掌握这一基本功，为幼儿今后其他能力的发展打下基础。

（3）用脚弓推球主要强调球运行的准确性，教师在此方面进行引导时，应注意动作的规范，同时应强调两只脚都要练习。

（4）下面以右脚推球为例阐述用脚弓推球的动作要领：足球静止在地面上，人离球有一定距离。向前走两步，左脚落在球的左侧，离球10厘米左右的距离，与球平行，右腿快速由后向前摆动，同时右腿髋关节外展，带动脚弓外展，使右脚脚尖转向右侧，然后用整个右脚脚弓与球正后方接触，用力将球推出。

材料四　绳类

材料分析

绳类材料作为专属性体育材料之一，在幼儿园中使用得非常频繁，常用于幼儿园各种固定的设施设备和幼儿的各种自主活动中。绳子的种类繁多，包括短绳、长绳、拔河绳、麻绳、各种粗细不等的尼龙绳、自制毛线绳等。绳子的特性主要表现为材质轻，粗细便于幼儿抓握，易变形，能形成各种空间、线路等。从小班开始，各种体育游戏中就会用到各类绳子。

在幼儿园体育活动中，绳子既用于发展幼儿的走、跑、跳、钻、爬等基本动作能力，也常用于发展幼儿的其他身体能力，如上肢力量、身体的平衡、手的精细动作、抓握力等。教师利用绳子不但能设计出各种有趣的活动形式，而且能设计出适合幼儿各种运动能力发展的不同层次的活动。

绳类材料的功能、游戏名称及对应年龄分布表

材料功能	游戏名称	小班	中班	大班
促进走步能力发展	变化多端的绳子	√		
	漂亮的帽子	√		
	集体行进		√	

续表

材料功能	游戏名称	小班	中班	大班
促进走步能力发展	闭目行走		√	
	顶住，别掉下			√
	绳子上的舞蹈			√
	踩蛇头			√
促进跳跃能力发展	连续跳	√		
	踩八角鱼	√		
	变换跳跃		√	
	摇摆跳		√	
	踩绳跳接力			√
	晒毛巾			√
促进跑步能力发展	踩尾巴		√	
	赶马车		√	
	集体跑			√
增强身体力量	放烟花	√		
	绳子的妙用		√	
	拉大锯		√	
	快速收绳			√
促进其他能力发展	绕长绳		√	
	两人钓鱼		√	
	拧麻花		√	√
	打绳结			√
	包粽子			√
	百变绳君	√	√	√

材料设计与实际运用 1——促进幼儿走步能力的发展

游戏 1 变化多端的绳子

【游戏目的】

（1）通过一系列绳子设置的变化，锻炼幼儿各种走的能力。

（2）通过各种走步的练习，发展幼儿的平衡能力、协调能力及柔韧性等。

【游戏对象】

小班幼儿。

【游戏准备】

两根长度为 10 米的长绳。

【游戏方法】

组织幼儿排成一路纵队，跟随教师进行练习。

方法 1：教师在地面上放置一根长绳，把长绳拉成一条直线，要求幼儿前后间隔一定距离，双脚依次踩在长绳上，向前行进。动作方法：（1）双脚侧向站在长绳上，侧向并步走；（2）面向终点，双脚依次踩在长绳上，正向行走；（3）闭上双眼，采用侧向走的方法，用脚底感受行走。

方法 2：教师随意摇动长绳，让长绳成不规则方向变化，要求幼儿运用方法 1 中的各种方法依次练习。

方法 3：教师把两根长绳并排放置，两绳间隔 20 厘米左右，要求幼儿依次走在两根长绳的中间，看谁走得最稳。

方法 4：教师把两根长绳拉成平行的直线，间隔 40 厘米左右，要求幼儿两脚分别走在两根长绳的外侧，进行开步走的练习。

方法 5：教师把两根长绳呈"V"字形放置于地面上，离幼儿近的一端，两根长绳间的距离较小，越到远端，两根长绳之间的距离越大。幼儿成一路纵队依次以开步走的方式两脚落在长绳的外侧行走，看谁能走得最远。

【指导与建议】

（1）提醒幼儿前后保持一定的间隔，按照教师的要求完成动作。

（2）此类以长绳为主设计的游戏有很多，不但可以用于各种走的练习，还可以用于爬行、跨跃、钻等动作的练习。比如，在方法1中，教师可以要求幼儿闭上眼睛，运用爬行的动作，双手触碰绳子寻找方向行进；也可以把长绳抬起一定的高度，让幼儿从上面跨过或从底下钻过等。

游戏2 漂亮的帽子

【游戏目的】

（1）通过对头部的控制，矫正幼儿的身姿。

（2）发展幼儿身体的平衡能力。

【游戏对象】

小班幼儿。

【游戏准备】

没有手柄的短绳25根。

【游戏方法】

教师带领幼儿自由站在场地上，并分给每个幼儿一根短绳。首先，教师要求每个幼儿用绕圈的方式把短绳缠在一起，给自己做一顶帽子，并把"帽子"放在头顶上。然后，要求全体幼儿听从教师的口令，模仿教师的动作。比如，慢慢跟着教师走、停止、慢慢蹲下、慢慢坐下、转身等。教师带领幼儿反复练习。

【指导与建议】

（1）在此过程中，要求幼儿尽可能不用手去扶短绳。

（2）此游戏主要借助于幼儿头顶上"帽子"的不稳定性来矫正幼儿的身姿。因此，教师在带领幼儿练习时应尽可能保持上体笔直，同时每个动作不要做得太快，应尽可能让每个幼儿跟上你的节奏。

（3）可以让幼儿自主设计"帽子"，以使他们获得成就感。

游戏 3 集体行进

【游戏目的】

(1) 锻炼幼儿协同走的能力。

(2) 增强幼儿在集体队列队形中的配合能力。

【游戏对象】

中班幼儿。

【游戏准备】

长绳 3 根,每根长 11 米左右。

【游戏方法】

方法 1:教师把全体幼儿分成三组,成纵队站立,每组一根长绳。每个幼儿单手紧握长绳且手臂垂直,跟随教师进行练习。游戏开始,听到教师发出指令后,所有幼儿握绳一起向前行进或停止。游戏反复进行。

方法 2:教师要求全体幼儿把队形从纵队变成横队,双手在胸前执绳,跟着教师集体行进或停止。游戏反复进行。

方法 3:教师要求各组幼儿把绳子用双手扛在肩上,跟着教师集体行进。游戏反复进行。

【指导与建议】

(1) 要求幼儿听从教师的口令,保持队伍的整齐有序。

(2) 提醒幼儿按照教师的要求变换各种方位及握绳方式。

(3) 运用长绳练习集体的队列队形,是培养中班幼儿协同走的有效方法,因为绳子的可变性强,不受幼儿身高及队形变化的影响。不过,教师在组织此游戏时,应注意控制节奏。

(4) 此游戏的操作方式多种多样。比如,手执绳的方法,可以是自然下垂执绳,也可以把绳子放在肩上;可以是双手握绳,把绳子放于头顶位置,也可以把绳子放于胯下,双手执绳向前走。此外,游戏材料可以是一根长绳,也可以是两根长绳。在行走队形的选择上,可以是纵队,也可以是横队,还可以是正反队形，即单数幼儿面朝一个方向握绳，双数幼儿面朝另一个方向握绳等。教师应根据幼儿的能力进行选择。

游戏4　闭目行走

【游戏目的】

锻炼幼儿的感知觉能力及身体控制能力。

【游戏对象】

中班幼儿。

【游戏准备】

两根长绳，每根长10米左右。

【游戏方法】

教师组织四名幼儿分别拉住两根长绳的两端，把绳子拉直，并将绳子拉到腰部的高度，两根长绳之间间隔60厘米左右。其余幼儿排成一路纵队站于两根绳子的一端开口处。游戏开始，听到教师发出口令后，幼儿闭上眼睛，两臂侧平举，依次从绳子中间走过，通过的幼儿绕回到队尾等待。如此反复练习，看谁既能不碰到绳子又走得稳。

【指导与建议】

（1）要求幼儿的身体尽可能不碰到绳子，如果碰到，拉绳子的幼儿要大声说出来，看看谁碰到的次数最少。

（2）在幼儿闭目走之前，允许他们先看清路线。

（3）让幼儿借助长绳直线走，可以锻炼他们行走中的感知觉能力。在此过程中，教师应注意幼儿前后的间隔，保障游戏的顺利进行。

游戏5　顶住，别掉下

【游戏目的】

（1）发展幼儿身体的平衡能力。

（2）增强幼儿游戏的趣味性。

【游戏对象】

大班幼儿。

【游戏准备】

将一根绳子的两端分别系上两个呼啦圈,制作两套此材料。

【游戏方法】

教师把幼儿分成人数相等的两队,每队前后两个幼儿为一组。每队第一组两个幼儿分别把呼啦圈套在腰上,横向站立,同时向左右两侧移动,尽可能将绳子绷直。游戏开始,听到教师发出口令后,两个幼儿两臂张开向前行走,手不握圈,并能保持呼啦圈不掉下来,到达终点后,绕回,把呼啦圈交给下一组幼儿。游戏依次进行,看哪一队最先完成。

【指导与建议】

(1)行进过程中,要求幼儿双手不能扶呼啦圈。

(2)如果呼啦圈掉下,幼儿必须在原地拿起后再行走。

(3)此游戏要求两人靠身体的力量相互配合,控制呼啦圈不掉下来。在绕回时,具有一定的难度。教师在游戏前,可先让幼儿自主练习,再进行此集体游戏。

(4)教师也可根据幼儿活动的开展情况,选择性地让他们采取前后站位拉呼啦圈。这就要求幼儿控制力量使绳子始终绷直,难度更大,对幼儿提出了更大的挑战。

游戏 6　绳子上的舞蹈

【游戏目的】

(1)锻炼幼儿的下肢力量。

(2)增强幼儿的协同能力。

【游戏对象】

大班幼儿。

【游戏准备】

15根粗麻绳,每根长度为60厘米;2根长绳。

【游戏方法】

方法1:教师将幼儿分成两人一组,每组一根粗麻绳,两人轮换练习。游戏开始,一名幼儿将粗麻绳放在地面上,用双脚前脚掌踩在麻绳上,两脚依次搓动麻绳,使其向前移动一定距离后,换另一个幼儿进行。

方法2:在方法1的基础上,两名幼儿肩搭肩,同时踩在粗麻绳上,然后用双脚搓动绳子向前移动,反复进行。

方法3:教师把幼儿分成两组,第一组先练习,第二组等待。第一组所有幼儿排成一列横队,手牵手站在长绳上。听到教师口令后,所有幼儿用前脚掌搓动长绳,使其向前移动。一定时间后,两组进行交换,看看哪组向前搓动长绳的距离最远。

【指导与建议】

(1)要求所有幼儿必须用双脚前脚掌搓动长绳。

(2)要求长绳上的幼儿尽可能保持同步,同时搓动长绳。

(3)要想搓动长绳,幼儿不但需要有很好的协调能力与腿部力量,还要有很强的平衡能力。因此教师在组织此游戏时需要循序渐进,在幼儿较熟练的情况下再进行集体游戏。

游戏7 踩蛇头

【游戏目的】

(1)锻炼幼儿平衡走的能力及眼脚的协调性。

(2)通过挑战,增强幼儿走的趣味性。

【游戏对象】

大班幼儿。

【游戏准备】

15根短绳。

【游戏方法】

教师将幼儿分为两人一组,每组一根绳子,要求两个幼儿每人拿住绳子的一端并拉紧,然后将绳子放于地面上。其中一名幼儿用一只手拿着绳子的一端,蹲下,另一名幼儿用一只脚踩着绳子的另一端。游戏开始,拿着绳子的幼儿左右摆动手臂,让绳子也随之摇摆,踩着绳子的幼儿在绳子上行走,要求每一步都走在绳子上。走的幼儿踩空时,则失败,需要和另一名幼儿交换角色。

【指导与建议】

(1)幼儿走空,即失败;如果能走到另一个幼儿不能摇动绳子时,则成功。

(2)摇绳子的幼儿只能贴住地面左右摇动绳子。

(3)此游戏对于大班幼儿来说具有一定的挑战性。为了帮助他们较好地完成任务,教师应引导他们每一步尽可能小些,同时保持好身体的平衡。

材料设计与实际运用 2——促进幼儿跳跃能力的发展

游戏 8 连续跳

【游戏目的】

锻炼幼儿并脚跳跃的能力。

【游戏对象】

小班幼儿。

【游戏准备】

短绳若干。

【游戏方法】

如图 2-4-1 所示,将短绳间隔排列在地面上,距离由窄到宽。教师组织幼儿排成一路纵队站于起点处。听到教师发出指令后,排头幼儿运用并脚连续跳的方式向前行进,要求每次都要跳在两绳之间。一定间隔后,下一个幼儿出发。如此反复进行练习。

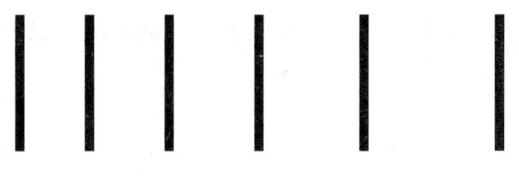

图 2-4-1

【指导与建议】

（1）要求幼儿并脚连续跳在两绳之间。

（2）小班幼儿并脚连续跳跃的能力相对较弱，因此在活动中，教师应允许他们以较慢的速度行进，同时应引导他们在不同宽度的空间里做出连续跳跃的动作。

游戏9 踩八角鱼

【游戏目的】

锻炼幼儿的并脚跳跃能力。

【游戏对象】

小班幼儿。

【游戏准备】

如图 2-4-2 所示，将 8 根长绳的一端系起后拉直，并均匀地放于地面上。

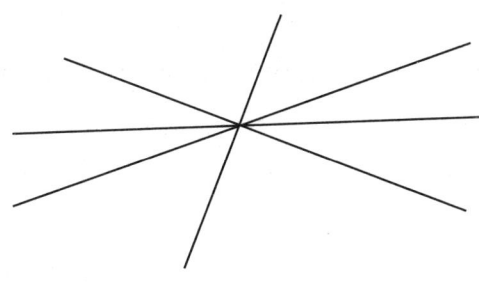

图 2-4-2

【游戏方法】

教师将幼儿分成人数相等的若干组。游戏开始，听到教师发出指令后，每组幼儿在绳子中间自由行走，遇到绳子时，则跳起踩住绳子。如此反复进行练习，看哪组踩得准。

【指导与建议】

（1）提醒幼儿较均匀地分布在绳子中间，不拥挤。

（2）要求幼儿每次遇到绳子，必须用双脚跳的方式踩住绳子。

（3）运用绳子组合进行游戏，方法多种多样。除了跳跃外，还可以踩绳走，或者把所有的绳子抬起一定的高度，连续跨走，或者一名幼儿踩在系绳处，一组幼儿分别拉直每根绳子，形成一定的高度，另一组幼儿进行跨跃及钻爬的练习，或者把每根长绳拉直，沿同一方向转圈跑动等。教师可以有目的地选择活动内容。

游戏10 变换跳跃

【游戏目的】

提高幼儿的各种跳跃能力及跳跃的准确性。

【游戏对象】

中班幼儿。

【游戏准备】

2根长绳。

【游戏方法】

方法1：教师将一根长绳拉直放于地面上，组织幼儿排成一路纵队站在绳子的一端。游戏开始，排头幼儿用双脚跳的方式在绳子两侧向前左右跳跃，形成变向跳，要求不踩到绳子。间隔一定距离后，下一名幼儿出发。如此反复进行练习。

方法2：教师将两根长绳成"V"字形拉直，越到远端，两绳间的距离越大。教师组织幼儿排成一路纵队站在绳子的一端。游戏开始，听到教师发出指令后，排头幼儿用双脚跳的方式在两根绳子的外侧向前左右跳跃，要求不踩到绳子。间隔一定距离后，下一名幼儿再出发。如此反复进行练习。

方法3：教师将两根长绳拉直平行放于地面上，两根长绳间隔30厘米左右，然后组织幼儿排成一路纵队站在两根长绳中间。游戏开始，听到教师发出指令后，排头幼儿首先分腿跳跃，跳起后，双脚落于两根长绳的外侧；第二次跳跃时，双脚要落于两根长绳的内侧，如此反复，不断向前跳跃。第一名幼儿离开一定距离后，下一名幼儿出发。如此反复进行练习。

【指导与建议】

（1）要求幼儿根据教师的要求变换动作。

（2）提醒幼儿向前跳跃时速度不要太快，每次双脚落地时尽可能不碰到绳子。

（3）跳跃的方式多种多样，借助绳子练习跳跃，可以形成更为明确的双脚落地空间。根据绳子的摆放状态，可以选择双脚跳行进，如变向跳、分并跳、转体跳、双脚前后原地开分跳、跨跳等；也可以选择单脚跳行进；还可以把绳子放在地面上跳长绳，作为跳竹竿或跳皮筋动作发展的基础。

游戏11　摇摆跳

【游戏目的】

（1）发展幼儿连续跳跃的能力及眼脚的协调性。

（2）为跳长绳打下基础。

【游戏对象】

中班幼儿。

【游戏准备】

短绳10根。

【游戏方法】

教师把幼儿分成三人一组，每组一根短绳。每组中的两人分别牵住绳子的两端并蹲下，让绳子尽可能贴近地面，另一名幼儿站在绳子中间。游戏开始，一名幼儿牵住绳子不动，另一名幼儿有节奏地左右摇动绳子，中间的幼儿则纵跳避开绳子。若中间的幼儿踩到绳子，则与摇绳的幼儿互换角色。游戏反复进行。

【指导与建议】

（1）提醒每组三个幼儿在游戏前明确自己的角色。

（2）提醒幼儿摇摆绳子的时候速度不要太快。

（3）此游戏主要为幼儿以后跳长绳做准备。因此游戏过程中，当幼儿具有一定的基础后，绳子的高度可以适当升高，摇绳的两名幼儿也可以一起摇动绳子。

游戏12 踩绳跳接力

【游戏目的】

（1）锻炼幼儿手脚的协调能力。

（2）在竞赛游戏中促进幼儿双脚跳跃能力的发展。

【游戏对象】

大班幼儿。

【游戏准备】

短绳4根。

【游戏方法】

教师组织幼儿排成四路纵队分别站在起跑线上，每队一根短绳，起点至终点距离6米左右。排头幼儿双脚踩在绳子的中间部位，双手提绳，尽可能地拉直。游戏开始，听到教师发出指令后，排头幼儿双脚始终踩在绳子上向前连续跳跃，到达终点后返回，把绳子交给下一名幼儿。游戏依次进行，看哪队跳得最快。

【指导与建议】

（1）提醒幼儿在游戏的过程中双手尽可能拉直绳子，使绳子始终被踩在脚下。

（2）若绳子离开了脚底，幼儿必须在原地整理好后再出发。

（3）此游戏强调幼儿手脚的协调能力，同时由于绳子的加入，要求幼儿在并脚跳跃时必须全身用力,因此增加了运动负荷。教师在组织此游戏时,可以要求幼儿缩短手与脚之间绳子的距离,便于他们动作的平衡与力量的运用。

游戏13 晒毛巾

【游戏目的】

(1)锻炼幼儿向上纵跳的能力。

(2)发展幼儿的下肢力量及身体的协调性。

【游戏对象】

大班幼儿。

【游戏准备】

长绳1根,毛巾8条。

【游戏方法】

两名教师拉起一根长绳站于终点处,使长绳拉直并具有一定的高度。另一名教师组织全体幼儿排成四路纵队分别站于起跑线上,要求每队排头幼儿手执两条毛巾。游戏开始,听到教师发出指令后,排头幼儿快速跑到终点长绳处,跳起,依次将手中的两条毛巾搭在长绳上,然后返回,手触碰到第二名幼儿后,第二名幼儿出发。第二名幼儿到达终点长绳处,跳起,把两条毛巾依次取回,交给第三名幼儿。如此反复进行游戏,看哪队最快。

【指导与建议】

(1)提醒幼儿只有把两条毛巾都挂在长绳上后才能返回。

(2)告诉幼儿挂毛巾时不能拉拽绳子。

(3)此游戏需要另外两名教师配合才能完成。在绳子高度的设置上,教师应反复尝试,要对幼儿具有一定的挑战性。

(4)毛巾的数量在游戏中也可增减,以便让幼儿在一次活动中有更多练习的机会。

幼儿园体育材料设计与运用150例

材料设计与实际运用 3——促进幼儿跑步能力的发展

游戏 14 踩尾巴

【游戏目的】

（1）通过踩绳子的游戏，锻炼幼儿跑动中身体的灵活性。

（2）增强幼儿游戏的趣味性。

【游戏对象】

中班幼儿。

【游戏准备】

细短绳 15 根，夹子 15 个。

【游戏方法】

教师把全体幼儿分成人数相等的两组，分别进行游戏。第一组先进行，第二组幼儿分别在第一组中找到自己的好朋友，然后用一个夹子把一根短绳的一端夹在好朋友的身后，同时让短绳的另一端拖在地面上。教师让第一组幼儿进入事先设置好的较大圆形的场地内，让第二组幼儿在圈外等待。游戏开始，听到教师的指令后，在圆形场地内的幼儿用脚去踩其他幼儿身后的绳子，被踩下绳子的幼儿必须退出游戏，最后谁的尾巴保持得最久谁获胜。之后，第二组开始。

【指导与建议】

（1）告诉幼儿只能用脚踩其他幼儿身后的绳子。

（2）提醒被踩下绳子的幼儿，应第一时间退出游戏。

（3）教师在组织此游戏时，选择的绳子不宜太粗，以便夹子能夹住。

（4）教师应注意时间的安排，不一定要到只剩一个幼儿时再结束。

（5）此游戏的问题在于，有些幼儿可能等待的时间较长。因此，教师应合理安排更多的幼儿参与到游戏中。

游戏 15　赶马车

【游戏目的】

（1）提高幼儿的合作能力。

（2）增强幼儿游戏的趣味性。

【游戏对象】

中班幼儿。

【游戏准备】

短绳30根，并且把绳子的一头系成绳圈。

【游戏方法】

教师将幼儿分成两人一组，要求每组中一名幼儿将绳圈套在腰上，另一名幼儿拉住绳圈的一端，跟随教师进行练习。游戏开始，听到教师发出"驾"的口令后，所有拉绳的幼儿都发出"驾"的声音，同时控制另一名幼儿跟随教师按一定的路线跑动；听到教师发出"吁"的口令后，所有拉绳的幼儿都发出"吁"的声音，同时控制另一名幼儿停下，如此反复进行游戏。

【指导与建议】

（1）提醒前后左右的幼儿注意相互之间的距离。

（2）要求幼儿按照教师跑动的路线进行游戏。

（3）教师在组织此游戏时，必须做好示范。

（4）在游戏过程中，教师也可以做慢走、慢跑、转身、停止、倒退等动作，以提高幼儿的反应能力。

游戏 16　集体跑

【游戏目的】

以绳子作为媒介，增强幼儿集体协同跑的能力。

【游戏对象】

大班幼儿。

【游戏准备】

长绳4根。

【游戏方法】

教师先将4根长绳按一定间隔放置于起跑线上,然后将幼儿分成4路纵队。每路纵队的幼儿分别在绳子的两边分开站立,并用手握住绳子,把绳子提到腰部位置。游戏开始,听到教师发出指令后,每队幼儿同时跑动,跑至终点绕回,看哪队最快回到起点。

【指导与建议】

(1)提醒幼儿在握绳时保持好前后的间隔。

(2)只有每队最后一名幼儿通过起跑线后,才算结束。

(3)对于集体跑动的游戏,运用长绳可以使幼儿更好地保持间距,有利于游戏的开展;也可以在长绳上做好标记,让幼儿更准确地站在自己的位置上。

材料设计与实际运用4——增强幼儿身体的力量

游戏17 放烟花

【游戏目的】

锻炼幼儿上肢的力量及身体的协调能力。

【游戏对象】

小班幼儿。

【游戏准备】

没有手柄的短绳25根。

【游戏方法】

教师组织全体幼儿随机站在场地上,并发给每人一根短绳。游戏开始,教师要求幼儿把短绳尽可能地团成一团,同时身体半蹲。听到教师发出口令

实践篇

"放烟花啦",幼儿应快速伸直身体,同时尽力把绳子抛向空中。如此反复进行练习,看谁抛得高。

【指导与建议】

(1)提醒幼儿抛绳子前必须把绳子尽可能地团起。

(2)要求幼儿必须用双手把绳子抛向空中。

(3)组织此游戏时,调动幼儿的情绪最重要。教师也可以让更多的幼儿把自己手中的绳子向一个方向抛出,让绳子在空中相碰。

游戏18 绳子的妙用

【游戏目的】

锻炼幼儿上肢的持续力量及身体的协调能力。

【游戏对象】

中班幼儿。

【游戏准备】

短绳25根。

【游戏方法】

教师带领幼儿自由分布在场地上,前后左右保持一定的间隔,然后要求幼儿跟随教师练习各种动作。

方法1:教师要求幼儿身体稍向前倾,用手抓住绳子的一端,让绳子的另一端垂于地面。游戏开始,听到教师发出指令"起波浪"后,幼儿上下摆动手臂,看谁的绳子掀起的波浪多。一定时间后,教师要求幼儿换手练习。

方法2:游戏前,组织方法同上。游戏开始,听到教师发出指令"小蛇游"后,幼儿左右摆动手臂,让绳子左右摆动起来。一定时间后,教师要求幼儿换手练习。

方法3:游戏前,组织方法同上。游戏开始,听到教师发出指令"电风扇"后,幼儿用手臂带动绳子在胸前转圈。一定时间后,教师要求幼儿换手练习。

方法4:教师要求幼儿身体稍向前倾,同时让他们把绳子对折两次。游戏开始,听到教师发出指令"骑大马"后,幼儿原地跑动,同时向身后挥动绳子。一定时间后,教师要求幼儿换手练习。

【指导与建议】

(1)提醒幼儿保持好相互之间的距离,不能让绳子碰到其他小朋友。

(2)组织此游戏时,教师应注意控制速度,组织幼儿由慢到快完成每个动作。

游戏19 拉大锯

【游戏目的】

(1)锻炼幼儿腰部的柔韧性及力量。

(2)增强幼儿相互配合的能力。

【游戏对象】

中班幼儿。

【游戏准备】

绳圈15个;儿歌(内容为:拉大锯,扯大锯,姥姥家唱大戏。妈妈去,爸爸去,小宝宝也要去。拉大锯,扯大锯,你过来我过去。拉一把,扯一把,小宝宝快长大)。

【游戏方法】

教师将幼儿分成两人一组,每组一个绳圈。同组两名幼儿面对面坐在地上,双腿并拢、伸直,脚底相互顶住,同时两人都握住绳圈。游戏开始,大家一起念儿歌,一边念,一边配合着来回拉动绳圈。儿歌念完,游戏结束。

【指导与建议】

(1)提醒幼儿相互配合,一人向后拉,另一人配合着向前送。

(2)要求幼儿动作不要太快,要随着儿歌有节奏地运动。

(3)此游戏能否成功,关键在于绳圈的长度。教师在组织游戏时,要注意两名幼儿坐好后拉紧绳圈时,是否刚好可以坐直。

游戏20　快速收绳

【游戏目的】

（1）锻炼幼儿上肢的持续力量及奔跑的能力。

（2）提高幼儿上肢运动的速度。

【游戏对象】

大班幼儿。

【游戏准备】

长绳2根，塑料小筐2个，大箩筐2个，小玩具若干。

【游戏方法】

教师组织幼儿排成一路纵队站于起跑线上，然后选出一名幼儿站在终点处。教师将长绳摆在地上，拉直，将长绳末端系在终点处的一个塑料小筐上。教师在起点和终点处各放一个大箩筐，并在终点处的大箩筐内放置若干玩具。游戏开始，听到教师指令后，终点处的幼儿将一个玩具放入塑料小筐内。此时排头幼儿快速收绳，直到把塑料小筐拉到起点，然后把筐内的玩具放到起点处的大箩筐内，并将绳子交给下一名幼儿，之后抱起塑料小筐跑至终点处放下，完成任务后回到起点处排在自己队伍的后面。第二名幼儿按如上方法操作，如此反复练习，看哪一名幼儿最快完成。

【指导与建议】

（1）在终点处站着的幼儿负责将一个玩具放入小塑料筐内。

（2）只有等终点处的幼儿放好玩具后，起点处的幼儿才能拉绳子。

（3）提醒幼儿不能将塑料小筐拉翻，若拉翻，由终点处的幼儿负责摆好后再重新开始。

（4）对于大班幼儿来说，理解此游戏的规则有一定的难度。教师在游戏讲解过程中，要做到示范与讲解相结合。

（5）此游戏也可以在楼层之间进行，即放玩具的幼儿在一楼，拉绳子的幼儿在二楼，拉绳子的幼儿只需要把绳子拉上、放下即可。这样对于幼儿上肢力量的要求会更高，游戏也会更有趣。

材料设计与实际运用 5——促进幼儿其他能力的发展

游戏 21　绕长绳

【游戏目的】

（1）通过绕长绳的游戏，发展幼儿上肢的协调能力及快速反应能力。

（2）增强幼儿整理材料的能力。

【游戏对象】

中班幼儿。

【游戏准备】

长度为 6 米的长绳 4 根。

【游戏方法】

教师将全体幼儿分成四组成纵队站于起点处，组与组之间间隔 10 米左右，终点处每组对应站立一名幼儿。终点处幼儿两臂向前伸直，用一只手拉住长绳的一端，让长绳的其他部分自然垂于地面。游戏开始，听到教师发出指令后，每组排头的幼儿快速跑向终点，把长绳一圈圈绕在终点处幼儿的手臂上，全部完成后，跑回与第二名幼儿交接。第二名幼儿跑向终点，把绕好的长绳一圈圈打开，全部完成后，跑回与第三名幼儿交接。之后，第三名幼儿按照第一名幼儿的方法操作，第四名幼儿按照第二名幼儿的方法操作。如此反复进行，看哪一组最先完成。

【指导与建议】

（1）终点处幼儿应始终握住绳子的一端不放手。

（2）提醒绕绳的幼儿必须把所有绳子都绕在终点处幼儿的两只手臂上才算完成。

（3）此游戏主要锻炼幼儿上肢快速操作的能力，同时帮助幼儿获得长绳整理的经验。教师在组织此游戏时,应要求站在终点处的幼儿必须穿长袖的衣服,避免手臂被长绳磨伤。

游戏22　两人钓鱼

【游戏目的】

(1)锻炼幼儿身体的控制力及关注力。

(2)强调幼儿合作能力的发展。

【游戏对象】

中班幼儿。

【游戏准备】

带钩子的小物品若干,短绳15根(每根短绳的中间系一个钩子),小塑料筐若干。

【游戏方法】

教师在场地上设置一块长方形的区域,在区域内放置各种大小不同的带钩子的小物品。教师组织幼儿两人一组,每组一根绳子。游戏开始,两名幼儿分别拉住绳子的两端,站于长方形场地的两侧,然后两人合作拉住绳子,用绳子中间的钩子钓起场地内的小物品。一定时间内,看哪组钓起的小物品最多。

【指导与建议】

(1)提醒幼儿只能站在场地外钓物品。

(2)把物品钓起来后,幼儿必须通过收绳子在场地外把物品取下来。然后,把它放在自己的小塑料筐内。

(3)此游戏需要两名幼儿对于绳子有较好的控制力、合作能力及关注力。由于游戏有一定的难度,教师应允许幼儿进行较长时间的练习。

游戏23　拧麻花

【游戏目的】

(1)锻炼幼儿身体的协调能力及灵敏性。

（2）提高幼儿的感知能力。

【游戏对象】

中大班幼儿。

【游戏准备】

短绳30根。

【游戏方法】

教师将幼儿分成两人一组，要求两人面对面站立，并分给每组两根短绳。两名幼儿左右手各拿住两根绳子的一端，让两根短绳平行。游戏开始，听到教师发出指令后，两名幼儿同时向相反方向转动绳子，把绳子拧成麻花状；一定时间后，教师要求两名幼儿再向相反方向转动，尽快把"麻花"打开。

【指导与建议】

（1）要求幼儿只能原地转动绳子。

（2）操作时，提醒幼儿两只手臂要伸直。

（3）旋转类游戏是幼儿较喜欢的内容之一，但较长时间的旋转对于幼儿来说是一种挑战。教师在游戏组织过程中，应注意时间的控制；也可以采用分组轮换的方式，让幼儿在练习的过程中得以休整。

游戏 24 打绳结

【游戏目的】

（1）锻炼幼儿身体的灵敏性及精细动作。

（2）增强幼儿上肢的力量。

【游戏对象】

大班幼儿。

【游戏准备】

短绳15根。

【游戏方法】

教师组织幼儿两人一组，并分给每组一根短绳。游戏开始，听到教师发出指令后，两名幼儿一起想办法在一根绳子上打结，看一分钟内哪一组的绳结打得最多。

【指导与建议】

（1）提醒幼儿只要打出绳结即可，不需要把绳结打得过死。

（2）两人可以在绳子的两头分别打结，也可以合作打结。

（3）此游戏主要锻炼幼儿手部的操作能力，因此教师既可以选择短绳，也可以选择长绳。不过，长绳需要更多的幼儿共同参与，对于幼儿的自我组织能力是一种挑战。教师可以根据幼儿游戏的情况做出选择。

游戏25　包粽子

【游戏目的】

（1）锻炼幼儿身体的控制能力。

（2）增强幼儿的感知能力。

【游戏对象】

大班幼儿。

【游戏准备】

短绳15根。

【游戏方法】

教师将幼儿分成两人一组，并分给每组一根短绳。两个幼儿每人拿住绳子的一端并拉紧，其中一个幼儿把绳子放于腰间。游戏开始，把绳子放在腰间的幼儿顺着绳子旋转，不断地把绳子缠绕在自己的腰上，同时人不断地移向对面的幼儿。到达对面幼儿的位置后，再次翻转，让绳子逐渐展开，最终回到准备状态。完成后，两人交换进行练习。

【指导与建议】

（1）提醒幼儿旋转的速度不宜太快。

（2）告诉幼儿快要到达对面小朋友的位置时，停止旋转。

（3）在组织此游戏时，应要求幼儿只有在老师在场的情况下才能进行此游戏，避免幼儿出现安全问题。

游戏 26 百变绳君

【游戏目的】

通过把若干长短绳进行组合，使材料为幼儿的各种基本动作发展服务。

【游戏对象】

小中大班幼儿。

【游戏准备】

长绳1根，百变绳君材料1套（制作方法：如图2-4-3所示，把两根长绳和若干短绳进行组合，其中长绳长约8米，短绳长约1.4米。两根长绳两端的短绳用死扣系在两根长绳上，其他短绳用活扣套在两根长绳上，可以自由移动）。

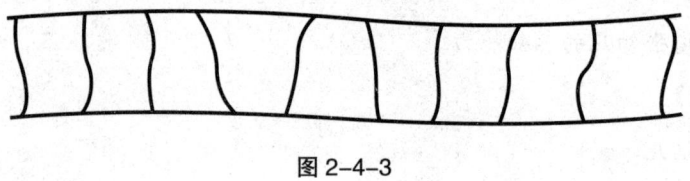

图 2-4-3

【游戏方法】

方法1：把百变绳君平铺在地面上，然后调整每两根短绳之间的宽度，使其由窄到宽形成变化。幼儿成一路纵队，依次并脚跳过短绳之间形成的空间，如此反复进行练习。此活动方式适合小班幼儿；若采用单脚跳与并脚跳的交替动作，可用于大班幼儿。

方法2：将百变绳君的两端、两侧均拉直拉平，然后平铺在地面上。将一根长绳的两端拉直，垂直放于百变绳君的中间，形成许多小格子。教师要求幼儿双脚跳跃行进，在格子中形成变向跳跃，即双脚先跳入左侧的格子内，再跳入右侧的格子内。幼儿成一路纵队，一个跟着一个练习。此方式适用于中大班幼儿。

方法3：两名幼儿在百变绳君的一端，用脚分别踩住一根长绳不动；教师在百变绳君的另一端,把绳子拉直,并把此端稍稍抬起约20厘米高,形成一个斜坡。幼儿成一路纵队,从低的一端用并脚跳的方式连续跳过中间每根短绳。此方式适用于大班幼儿。

方法4:两位教师分别站于百变绳君的两端,单手拿起身体同侧的一根长绳,让另一根长绳与地面接触,使百变绳君呈垂直状。幼儿成一路纵队,从一端开始,呈S形前进,不断地钻过两根短绳之间的空间。一定时间后,教师调整若干短绳之间的间距,使其形成不同大小的空间和各种形状,提高钻的难度。此方式适用于小中班幼儿。

方法5:两位教师分别站于百变绳君的两端,用双手把两根长绳拉起,使两根长绳并拢在一起,并举于胸前,使其他短绳呈下垂状。幼儿成一路纵队,从一端开始,以变向跑的方式依次钻绕过每根短绳,如此反复进行练习。此方式适用于中大班幼儿。

方法6:教师把幼儿分成三组,各组轮换进行游戏。首先,第一组每个幼儿分别钻入百变绳君的两根短绳之间,然后用双手分别握住两边的长绳,并把长绳抬至胸口的高度,之后大家以"开火车"的方式一起向前走。一定时间后,换其他组幼儿进行。此方式适用于大班幼儿。

【指导与建议】

(1)百变绳君是一种多功能的组合器械,主要应用于集体活动中,适合不同年龄段的幼儿,但以教师组织为主。教师要有针对性地选择内容,组织幼儿进行有序的练习。

(2)平铺在地面上的百变绳君主要用来让幼儿进行各种走、跳等动作的练习。教师既可让幼儿按照小组轮换的方式进行,也可让幼儿集体同时操作。

(3)把百变绳君提起来,主要用来让幼儿进行钻、绕、跑等动作的练习,也是以集体轮换的方式进行。不过,教师应注意幼儿前后的间隔。

(4)百变绳君中间可移动的短绳,主要是便于教师根据幼儿的不同能力进行调整。教师既可以进行平行方式的调整,也可进行倾斜方向的调整,以形成梯形或三角形。

材料五　垫子类

材料分析

在专属性体育材料中，垫子的类型多种多样，包括各种厚度、各种大小的运动海绵垫、运动折叠垫、软布垫、瑜珈垫、镶嵌塑料垫等，以成品材料居多。各种垫子质地柔软，在幼儿园各种活动中主要起着保护作用。但由于垫子存在着多种特性，因此它们也常作为体育活动材料而存在。就拿运动海绵垫来说，它的主要特性包括：可进行适度的变形，形成各种山洞，让幼儿进行钻爬；存在一定的重量，可以让幼儿进行搬运，发展幼儿的力量；具有一定的弹性，可用于缓冲；具有较大的面积或空间，可用于各种滚动、爬行、跳跃活动等。在体育教学活动中，教师应多多探索利用垫子开展活动，以更有效地服务于幼儿。

垫子类材料的功能、游戏名称及对应年龄分布表

材料功能	游戏名称	小班	中班	大班
变形功能	穿过小山洞	√		
重量功能	绝不放手		√	
	滑行搬运		√	
	集体的力量			√
空间功能	地震了			√
	托垫换位			√
	我是小车轮			√
	战斗			√
组合功能	爬过小山坡	√		
	滚下小山坡		√	

材料设计与实际运用 1——变形功能的运用

游戏 1　穿过小山洞

【游戏目的】

（1）锻炼幼儿在各种空间中的爬行能力。

（2）提高游戏的趣味性。

【游戏对象】

小班幼儿。

【游戏准备】

较软的海绵垫 2 块。

【游戏方法】

首先，在地面上平放一块海绵垫，然后再在此海绵垫上横放一块海绵垫。教师组织幼儿排成一路纵队。游戏开始，听到教师发出指令后，幼儿在教师的帮助下，让横放的海绵垫拱起，然后他们依次从"山洞"中间钻爬过去。随着幼儿的顺利完成，教师不断缩小拱起的垫子空间，挑战幼儿的钻爬能力。游戏如此反复进行。

【指导与建议】

（1）针对不同大小的"山洞"，让幼儿用不同的爬行动作爬过去。

（2）指导幼儿爬行时，可以让幼儿用手膝着地爬、肘膝着地爬、匍匐爬、等动作进行。

（3）此游戏适合在室内进行。如果场地面积有限，那么参与的幼儿人数不宜太多；也可与其他活动相搭配，减少参与的幼儿人数。

（4）当"山洞"缩到最小时，教师可以用身体轻轻压在"山洞"上，提高幼儿钻爬的难度，同时增强游戏的趣味性。

材料设计与实际运用 2——重量功能的运用

游戏 2 绝不放手

【游戏目的】

（1）利用垫子的滑行功能，增强幼儿的上肢力量。

（2）在互动中，增强幼儿间共同游戏的趣味性。

【游戏对象】

中班幼儿。

【游戏准备】

大海绵垫子4块。

【游戏方法】

教师把幼儿分成四组，每组4人，每组一块海绵垫。首先，每组幼儿把海绵垫平放在地面上，然后两个幼儿同时面朝垫子，横趴在垫子上，同时手臂伸直，双手紧握垫子的长边处，双脚分开。另外两个幼儿分别握住这两个幼儿的踝关节，一起用力向后拉，使垫子上的幼儿带动垫子向后移动。一定距离后，交换角色进行游戏，如此反复进行练习。

【指导与建议】

（1）提醒负责拉动的幼儿不能突然发力，要尽可能与趴在垫子上的幼儿做到相互配合，逐步向后退，同时保持好自己的重心。

（2）两个负责拉动的幼儿之间也需要达成默契，用力均匀。

（3）此游戏适合在室内地板上进行。在指导幼儿进行游戏过程中，教师应提醒幼儿注意安全，避免出现危险。

游戏 3 滑行搬运

【游戏目的】

（1）通过两人间的合作，促进幼儿上肢力量的发展。

（2）提高幼儿间的合作能力。

【游戏对象】

中班幼儿。

【游戏准备】

大海绵垫2块。

【游戏方法】

如图2-5-1所示，把幼儿分成人数相等的四组，两组与两组之间成纵队对应站立，间隔8米左右的距离，并且在两组中间放一块海绵垫。游戏从一侧开始，一组中的前后两名幼儿同时进行操作，把垫子垂直立起，让垫子的窄边着地，然后分别站在垫子的前后两边。之后，后面的幼儿用推的方法，前面的幼儿用拉的方法，共同移动垫子到终点，交给对面一组幼儿，对面的一组幼儿按照第一组幼儿采用的方法进行。如此反复进行练习，看哪组最快。

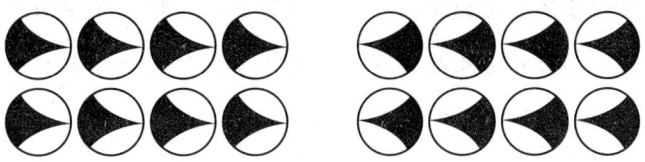

图2-5-1

【指导与建议】

（1）垫子倒下，必须恢复原样后，再进行操作。

（2）教师在此游戏中可以充当辅助者，当幼儿无法操作时提供帮助。

（3）注意让幼儿在较软的地面上进行，避免对垫子造成损坏。

（4）此游戏也可以采用翻动搬运的方式进行，即把垫子平放在地面上，让四名幼儿并排站在垫子的长边处，然后要求四名幼儿一起用力将垫子向前翻动，如此反复，直至终点。

游戏 4 集体的力量

【游戏目的】

(1) 通过多人间的合作,促进幼儿上肢力量的发展。

(2) 提高幼儿间的合作能力。

【游戏对象】

大班幼儿。

【游戏准备】

大海绵垫 2 块。

【游戏方法】

如图 2-5-2 所示,把幼儿分成人数相等的四组,成四路纵队站立。教师要求两组幼儿相互靠在一起,并且在每两组的排头位置各放一块大海绵垫。游戏开始,听到教师发出指令后,每两组排头幼儿把垫子用力举起,举过头顶,向后传递,后面的幼儿尽快在头顶上用手托住垫子,之后同样不停地向后传递,直至队尾,看哪两组最先完成。

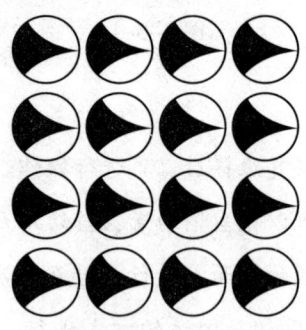

图 2-5-2

【指导与建议】

(1) 垫子掉下,必须恢复原样后,再进行操作。

(2) 游戏开始时,如果幼儿把垫子托起存在困难,教师可以允许更多的排头幼儿参与进来。

（3）教师在组织此类游戏时，可以让幼儿站立着进行垫子的传递，也可以让他们用蹲的方式进行，还可以让幼儿仰卧在地面上，用双手、双脚托住垫子进行传递。

材料设计与实际运用3——空间功能的运用

游戏5　地震了

【游戏目的】

（1）锻炼幼儿爬行中的平衡能力和身体控制能力。

（2）在情境中发展幼儿间相互合作的能力。

【游戏对象】

大班幼儿。

【游戏准备】

大的海绵垫4块。

【游戏方法】

教师把四块大的海绵垫纵向连接在一起，平放在地面上。然后，把全体幼儿分成两组，一组幼儿间隔均匀地面向垫子坐在垫子的两侧，并把两条腿完全放在垫子下面；另一组幼儿成一路纵队站在垫子的一端。游戏开始，教师发出口令："地震了。"此时，坐着的幼儿用双腿不停地上下抖动垫子，另一组幼儿前后间隔一定距离，以各种爬的方式通过四块垫子，看谁爬得又快又稳。完成后，两组进行交换。

【指导与建议】

（1）提醒坐着的幼儿，用双腿抖动时幅度不要太大。

（2）提醒爬行的幼儿要在垫子中间爬行，不要故意用力压坐着的幼儿的腿。

（3）教师在组织此游戏时，应时刻关注幼儿的操作情况。当发现爬行的幼儿无法通过时，教师可发出指令"地震停了"，让坐着的幼儿双腿不动，便于爬行的幼儿通过。

（4）游戏可以从一块垫子开始，逐渐增加垫子的数量。

游戏6 托垫换位

【游戏目的】

（1）结合垫子进行各种跑的练习，发展幼儿身体的灵敏性。

（2）提高幼儿间的协同能力。

【游戏对象】

大班幼儿。

【游戏准备】

较硬、较轻的大垫子4块。

【游戏方法】

幼儿四人一组，每个小组一块垫子。四人分别站在垫子的四条边旁，然后将垫子托起到胸口的位置。游戏开始，教师结合手势发出指令："按顺时针换位。"此时，四名幼儿按顺时针方向换位一次，而垫子不动。教师再次发出指令："按逆时针换位。"此时，四人按照教师的要求进行操作。如此反复进行练习。

【指导与建议】

（1）托垫移动时，四名幼儿要始终用双手托住垫子进行身体的移动，从而使垫子保持原状态而不会掉下来。

（2）每次移动时，四人要尽力做到同步，避免位置重叠。

（3）除此游戏外，还可以让垫子左右两侧的幼儿进行位置交换，即前后两名幼儿托住垫子不动，左右两名幼儿弯腰从垫子下面钻过去，进行位置交换。交换过程中，垫子高度不变。

游戏7 我是小车轮

【游戏目的】

（1）锻炼幼儿侧向滚动的能力。

（2）提高幼儿身体的敏捷性。

【游戏对象】

大班幼儿。

【游戏准备】

较长、较轻的大垫子若干。

【游戏方法】

四个幼儿为一组，平躺在地面上。大家头部对齐，且头部朝向一个方向，同时相互间保持一个人的距离。四个幼儿一起把垫子盖在身上。游戏开始，听到教师发出指令后，四个幼儿朝同一个方向进行侧行滚动，此时垫子也随着滚动。当最后一名幼儿露出垫子时，快速爬起，跑到垫子的另一侧，当垫子移到自己身上时，再继续滚动。如此反复进行练习，看哪一组使垫子移动的距离最长。

【指导与建议】

（1）游戏中，要求幼儿双臂屈起，紧靠身体，做好自我保护。

（2）保持地面的平整、干净。有条件的话，可以铺一块长地毯，方便幼儿滚动。

（3）四人要尽力做到同步，可先在没有垫子的情况下进行练习，再完成此游戏。

（4）此游戏对于大班幼儿来说具有一定的难度，因此教师应允许幼儿进行反复练习，不急于进行对抗赛。同时由于长时间滚动对于幼儿的身体能力要求较高，因此在组织时，教师应让幼儿分组轮换进行，便于幼儿休整。

游戏8 战斗

【游戏目的】

（1）在游戏中锻炼幼儿的上肢力量。

（2）提高幼儿投掷的准确性及协同能力。

【游戏对象】

大班幼儿。

【游戏准备】

较轻的大垫子若干，沙包若干。

【游戏方法】

教师把幼儿分成四人一组，每组一块大垫子。每组四个幼儿把垫子立起来，各组间隔一定的距离，四散开来。幼儿每人手中执一个沙包，躲藏在自己小组的垫子后面。游戏开始，每组幼儿各自拿着手里的沙包，向其他组的垫子进行投掷；同时一起移动垫子，去拾起地上的沙包。游戏反复进行。

【指导与建议】

（1）游戏中，提醒幼儿不允许对人投掷，只能击打其他组的垫子。

（2）每组应有一个小组长，小组成员应听从小组长的指挥移动垫子。

（3）教师也可降低要求，即把幼儿分成两大组，两组间隔6米左右的距离，然后把两组垫子成横队一字排开，要求一方幼儿手执沙包，另一方幼儿手扶垫子。游戏开始后，一方幼儿投掷完成后，另一方幼儿再拾起沙包进行投掷。如此反复进行游戏。

材料设计与实际运用 4——组合功能的运用

游戏 9 爬过小山坡

【游戏目的】

通过把多块垫子进行组合,锻炼幼儿在不同环境中的爬行能力。

【游戏对象】

小班幼儿。

【游戏准备】

长垫子若干,折叠垫若干。

【游戏方法】

方法 1:教师组织幼儿排成一路纵队,然后把若干块长垫子拼接在一起,再把若干块折叠垫间隔放在长垫上(见图 2-5-3)。听到教师发出指令后,幼儿以爬行的方式从每个"山坡"上爬过。随着幼儿的顺利完成,教师可以不断地增加垫子的高度。

方法 2:教师把两块折叠垫叠放在一起,然后如图 2-5-4 所示把四块长垫的一端均匀地放于折叠垫子上,形成小山坡。幼儿可以从不同的方向向"山坡"上爬行。随着幼儿的顺利完成,教师可不断地增加中间折叠垫子的高度。

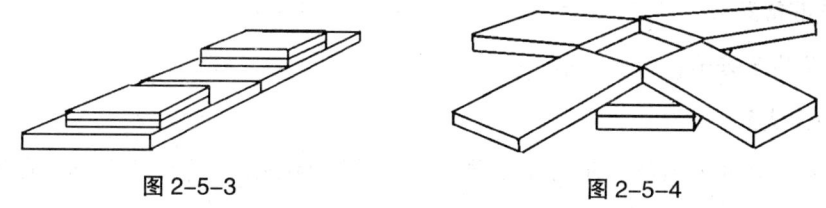

图 2-5-3   图 2-5-4

【指导与建议】

(1)爬行时,幼儿可以采用各种爬行动作进行练习。

(2)教师可组织幼儿一起帮助摆放垫子。

(3)除了组合垫子外,教师还可以把垫子与梯子、轮胎、长凳等进行各种组合。比如，把长凳排成两排，把垫子一块块横放在两排长凳之间，形成较低的通道，以便让幼儿从垫子底下爬过（见图2-5-5）。若高度过低，也可把长凳不断架高，形成较高通道。此游戏，教师可带领幼儿共同完成。

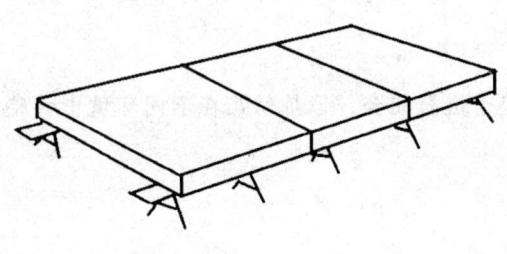

图 2-5-5

（4）在教师的指导下，幼儿也可利用垫子、凳子等制作小屋、小桥、迷宫、城堡等。此方式多用于大班活动中。

游戏 10　滚下小山坡

【游戏目的】

（1）锻炼幼儿侧滚翻、前滚翻及后滚翻的能力。

（2）提高幼儿动作的质量及运动的效果。

【游戏对象】

中班幼儿。

【游戏准备】

长垫子若干，折叠垫若干。

【游戏方法】

如图2-5-6所示，把若干长垫子与折叠垫组合，搭建成具有一定角度的斜坡。幼儿排成一路纵队，听到教师发出指令后，从一侧攀爬上斜坡，再用各种姿势滚下来，如前滚翻、侧滚翻、后滚翻等。幼儿依次轮换进行，反复练习。

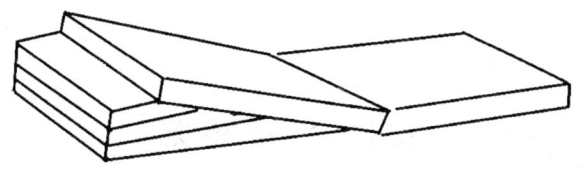

图 2-5-6

【指导与建议】

（1）要注意前后幼儿之间的间隔。

（2）当幼儿采用前滚翻或后滚翻动作时，教师注意做好保护工作。

（3）教师在设计此游戏时，要注意斜坡的角度。适合的斜坡角度，对于幼儿顺利完成前滚翻和后滚翻能起到辅助作用。但是斜坡角度不宜过大，否则将导致幼儿下滚速度过快，不利于幼儿动作的掌握及安全。

（4）在进行此类游戏材料的设计时，教师可根据幼儿动作的需要进行改变。比如，可以如图 2-5-7 所示，把另一面也搭建成小山坡，以增加幼儿攀爬的机会。

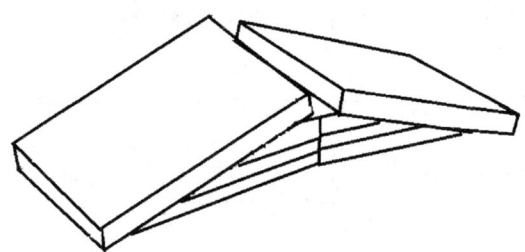

图 2-5-7

材料六 布袋类

材料分析

在幼儿园里，布袋作为专属性体育材料的时间并不长。最初，孩子们用各种麻布袋进行跳跃的动作练习，之后专门为体育活动制作的袋子就逐步成为幼儿园里普遍存在的体育材料，丰富了幼儿园体育活动的内容。

布袋的特性，主要包括：具有一定的空间面积，可承载一定的重量，能进行各种连接，可装入一定的物品，等等。因此，布袋既可应用于各种走、跑、跳、钻、爬、投、抛、拉等大肌肉动作活动中，也可应用于折、拧、捏、搓等各种精细动作练习中。

在幼儿园里，布袋主要应用于集体教学活动中，由多人一起进行操作；也有少数时候让幼儿用于自主游戏中，主要以跳跃练习为主。

布袋类材料的功能、游戏名称及对应年龄分布表

材料功能	游戏名称	小班	中班	大班
变形功能	变变变	√		
装载功能	你是谁	√	√	
	猎人来了		√	
	会飞的布袋		√	
	变成小皮球			√
承载功能	黄包车			√
连接功能	舞龙			√
	滚球接力			√
空间功能	斗牛士			√

材料设计与实际运用 1——变形功能的运用

游戏 1　变变变

【游戏目的】

（1）运用布袋进行各种造型的设计，锻炼幼儿的精细动作。

（2）培养幼儿具备一定的生活自理能力。

【游戏对象】

小班幼儿。

【游戏准备】

布袋 25 个。

【游戏方法】

幼儿在规定的场地内随意站立，每人一个布袋，跟随教师进行练习。游戏开始，听到教师发出指令后，幼儿要快速按照教师的方法进行操作，看谁做得又快又好。

教师示范步骤及指令如下：

（1）把布袋平铺在自己的面前。

（2）把布袋对折一次，变得胖胖的。

（3）把布袋恢复成开始的样子。

（4）把布袋对折一次，变得瘦瘦的。

（5）把布袋变得小小的，坐在上面。

（6）把布袋再变成最大的被子，盖在自己身上。

（7）把布袋卷起来变成一根棍子。好朋友之间把两根棍子交叉，进行拔河比赛。

（8）把布袋变成一个球，抛起来。

【指导与建议】

（1）保证每个幼儿在自选位置上都能看见教师。

（2）要求幼儿按照教师的要求有步骤地进行练习。

（3）教师要注意示范和指令的节奏，要让每个幼儿都能完成。

（4）此种练习方式较多，教师可以根据幼儿的能力进行选择。比如，可以把布袋变成大的三角板，也可以变成衣服，还可以变成毛巾，等等。这些内容比较适合中大班幼儿。

材料设计与实际运用2——装载功能的运用

游戏2 你是谁

【游戏目的】

（1）锻炼幼儿的感知觉能力。

（2）在幼儿互动中提高游戏的趣味性。

【游戏对象】

小中班幼儿。

【游戏准备】

布袋4～5个。

【游戏方法】

幼儿自由分散在场地上，每人一个布袋，并将布袋倒过来扣在头上遮住眼睛。游戏开始，听到教师发出指令后，幼儿慢慢地在场地上随意走动。当碰到其他小朋友时，询问："你是谁？"回答时，只能说："我是你的朋友。"双方根据声音判断对方是谁。如果猜对了，就把身体正对着互相碰一碰。如果有一方猜错了，就用屁股互相顶一顶。如此反复进行游戏。

【指导与建议】

（1）在场地上设定一定的范围，这样幼儿通过向下看，可以看到地面上的标识。

（2）提醒幼儿行走时，只能慢慢地走。

（3）教师在组织此游戏时，还可以把幼儿分成两组，让他们在不同的范围内同时进行，以降低游戏的难度，使游戏更易开展。

游戏3　猎人来了

【游戏目的】

（1）锻炼幼儿的爬行能力及反应能力。

（2）提高幼儿身体的灵敏性。

【游戏对象】

中班幼儿。

【游戏准备】

布袋20个。

【游戏方法】

在地上随意放置与幼儿人数相等的布袋，并且布袋间保持一定的距离。教师充当猎人，要求幼儿扮演小熊。游戏开始，教师发出指令："天气真好，小熊们出来寻找食物喽！"此时，小熊们以爬行的方式在布袋旁边自由玩耍。一段时间后，教师发出指令："猎人来了。"此时，小熊们随机找到布袋，以头先入袋子的方式钻入布袋，表示处于安全状态。如此反复进行游戏。

【指导与建议】

（1）布袋的放置可由幼儿进行操作。

（2）教师应以较慢的速度进行，以便让每个幼儿都能找到布袋。

（3）在游戏前，应提醒幼儿不要争抢布袋。

（4）此游戏也可用跑或跳的方式进行。

游戏4　会飞的布袋

【游戏目的】

（1）锻炼幼儿的上肢力量。

（2）以材料组合的方式，提高幼儿游戏的趣味性。

【游戏对象】

中班幼儿。

【游戏准备】

布袋30个，小皮球30个。

【游戏方法】

幼儿自由站在场地上，每人一个布袋，布袋内装有一个小皮球，幼儿用手握紧布袋口。游戏开始，听到教师发出指令后，幼儿把布袋抛向空中，看谁抛得又高又直。一定时间后，教师再次发出指令，要求幼儿手握布袋口，把布袋用力砸向地面，让球和布袋反弹后飞起，看谁的布袋飞得高。如此反复进行游戏。

【指导与建议】

（1）在游戏中，注意提醒幼儿彼此间保持合适的距离。

（2）若材料有限，可分组进行。

（3）也可让幼儿运用脚踢的方式进行游戏，但需要对幼儿进行分组，且要求他们朝同一方向踢出。

（4）还可让幼儿用双手或单手抓握布袋口，进行拍打地面的游戏。在组织此游戏时，教师要让幼儿借助球的弹性在身体的周围控制球，进行各方位的拍打。在此过程中，要求幼儿手不能离开布袋。

游戏5　变成小皮球

【游戏目的】

（1）锻炼幼儿团身滚动的能力。

（2）以分组对抗的方式提高动作难度。

【游戏对象】

大班幼儿。

【游戏准备】

布袋30个。

【游戏方法】

幼儿随机分散在场地上,每人一个布袋,跟随教师进行练习。幼儿钻进布袋内,使身体尽可能变小,同时用双手抓住布袋口,进行侧向滚动。如此反复进行练习。一定时间后,教师可以把幼儿分成四组,成纵队站立在起点处。起点距终点6米左右,每组排头幼儿执一个布袋。游戏开始,听到教师发出指令后,排头幼儿钻入布袋,以团身侧滚的方式滚到终点,到达终点后钻出,手执布袋跑回交给本组的第二名幼儿。如此反复进行,看哪一组最先完成。

【指导与建议】

(1)保持各组间的距离,避免幼儿在滚动中相互碰撞。

(2)练习滚动时,教师应提醒幼儿保持直线。

(3)进行比赛时,要求每个幼儿先侧躺下,再钻入布袋,之后用双手紧握袋口。

材料设计与实际运用3——承载功能的运用

游戏6 黄包车

【游戏目的】

(1)锻炼幼儿的身体力量及平衡能力。

(2)发展幼儿间相互合作的能力。

【游戏对象】

大班幼儿。

【游戏准备】

布袋10个。

【游戏方法】

教师组织幼儿分成三人一组,每组一个布袋。一个幼儿面朝前方团坐在布袋上,同时身体前倾,用双手抓住布袋两侧,另外两名幼儿分别抓住布袋的两端。每组幼儿都站在起点处,起点距离终点6米左右。游戏开始,听到教师发出指令后,抓住布袋两端的两名小朋友同时拉着布袋向前跑至终点处,然后一名拉布袋的幼儿与坐在布袋上的幼儿互换角色,再跑回起点。之后,再次交换角色让最后一名未坐的幼儿坐在布袋上面,跑至终点,看哪组最先完成。

【指导与建议】

(1)幼儿在游戏中一共来回跑三次。

(2)要求幼儿有序交换角色。

(3)要求两名拉布袋的幼儿身体的重心尽可能低一些,以便坐着的幼儿能较平稳地坐在上面。游戏前,教师应给予每组幼儿多一些练习时间。

材料设计与实际运用 4——连接功能的运用

游戏 7 舞龙

【游戏目的】

(1)锻炼幼儿身体的各种动作及反应能力。

(2)促进幼儿抓握力量的发展,提高集体的协同能力。

【游戏对象】

大班幼儿。

【游戏准备】

长布袋若干。

【游戏方法】

幼儿排成一路纵队站立,每个幼儿手执一个布袋,跟随教师进行练习。

教师指导幼儿进行"接龙",动作要求:第一个幼儿把布袋举至头顶,双手握住布袋的前面两个角,第二个幼儿在握住第一个幼儿所持布袋的后两个角的同时,握住第三个幼儿所持布袋的前两个角,形成前后连接。后面以此类推,通过布袋把所有的幼儿连在一起。游戏开始,幼儿跟随教师在场地上进行集体走、跑、停、蹲、起、绕等动作的练习。

【指导与建议】

(1)告诉幼儿手尽可能不松开。若布袋断开,游戏必须停止,恢复后再进行。

(2)教师应注意示范及口令,提醒幼儿练习的速度不宜太快。

(3)若不能达到很好的游戏效果,可先分小组进行,之后再集体进行。

游戏 8　滚球接力

【游戏目的】

(1)锻炼幼儿身体的控制能力,促进他们精细动作的发展。

(2)发展幼儿的合作能力。

【游戏对象】

大班幼儿。

【游戏准备】

布袋若干,小皮球 2 个。

【游戏方法】

教师组织幼儿分成四路纵队,两路纵队为一组,每组两队幼儿面对面站立且稍稍靠拢。面对面站立的两个幼儿共执一个布袋,然后用双手分别握住布袋的四个角,把布袋拉直。开始前,教师分别把一个小皮球放于每组排头幼儿的布袋上。游戏开始,听到教师发出指令后,每组排头的两名幼儿将布袋一端抬高,使球滚向旁边的布袋上,依次进行传球接力游戏,看哪组传得又快又稳。

【指导与建议】

（1）球从哪里落下，必须从哪里重新开始。

（2）在传递过程中，提醒幼儿不能用手抓球。

（3）教师在组队时，注意控制好左右幼儿的距离。距离太近，不利于幼儿身体的行动；距离太远，不利于球的滚动。

材料设计与实际运用5——空间功能的运用

游戏9　斗牛士

【游戏目的】

（1）锻炼幼儿投掷的准确性，提高幼儿身体的灵敏性。

（2）在情境中提高幼儿游戏的趣味性。

【游戏对象】

大班幼儿。

【游戏准备】

布袋15个，纸球若干。

【游戏方法】

教师将幼儿分成两人一组，每组一个布袋。其中一名幼儿双手抓住布袋的两角，使布袋垂直于身体前，并举高到身体的一侧；另一名幼儿准备若干纸球，以布袋为目标进行投掷，投掷距离约3米。当球投过来时，执布袋的幼儿可以左右移动布袋进行躲避。一定时间后，两人互换角色进行游戏。

【指导与建议】

（1）只有对面幼儿投出纸球后，执布袋的幼儿才能移动布袋。

（2）为了便于执布袋的幼儿抓握，可提醒幼儿先抓握住布袋较窄的一面。随着幼儿投掷准确性的提高，再提醒执布袋的幼儿把布袋对折，减小目标面积。

非专属性体育材料

材料七 长凳

材料分析

长凳作为坐具,在传统的幼儿园中一直存在。不过,随着物质条件的改善,以及人们对长凳的认识和对幼儿运动方式理解的提高,长凳的多元化特点在体育活动中逐渐凸显出来。越来越多的体育教学活动选择它作为活动材料。

传统的长凳多由木质材料制作而成,具有长、宽、高三个维度。它的高度,可让幼儿进行走、钻、爬等动作的练习;它的长度及宽度,可让幼儿进行平衡走、变向跨走、障碍走、跳跃、爬行等动作的练习。此外,把多条长凳组合,让它们在宽度及高度上发生变化,可让幼儿进行多种能力的挑战。

长凳的功能、游戏名称及对应年龄分布表

材料功能	游戏名称	小班	中班	大班
促进走步能力发展	小桥上面晃悠悠	√		
	桥上的挑战		√	
	不一样的桥上游戏			√
促进跑步能力发展	排排坐	√	√	
	毛毛虫			√

续表

材料功能	游戏名称	小班	中班	大班
促进钻爬能力发展	小猴子过桥	√		
	彩虹桥		√	
	小蛇绕木			√
促进跳跃能力发展	骑马过江		√	
	小蚱蜢			√
促进其他能力发展	公交车			√

材料设计与实际运用 1——促进幼儿走步能力的发展

游戏 1 小桥上面晃悠悠

【游戏目的】

通过在长凳上行走，逐步提高幼儿平衡走的能力。

【游戏对象】

小班幼儿。

【游戏准备】

长凳若干，小玩偶若干。

【游戏方法】

方法 1：教师把三条长凳排成一条直线连接在一起，然后组织幼儿成一路纵队站在长凳的一端。听到教师发出指令后，幼儿依次从长凳上走过去，如此反复进行练习。

方法 2：教师把三条长凳排成一条直线连接在一起，然后在长凳上间隔一定的距离放置一个小玩偶，小玩偶可大可小。幼儿依次从长凳上走过，遇到小玩偶时，必须从上面跨过去，如此反复进行练习。

方法 3：教师把三条长凳如图 2-7-1 所示连接在一起。听到教师发出指令后，幼儿依次从长凳上走过去，如此反复进行练习。

方法4：如图2-7-2所示，教师把六条长凳排成平行的两条直线，两排长凳间隔30厘米左右。幼儿在行走时，两脚分别落在两排长凳上，成开步行走，如此反复进行练习。

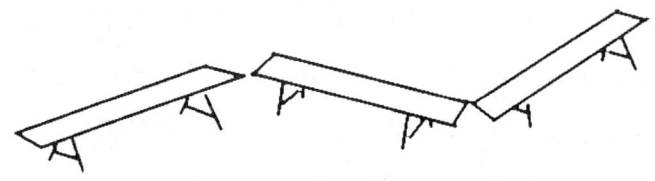

图 2-7-1

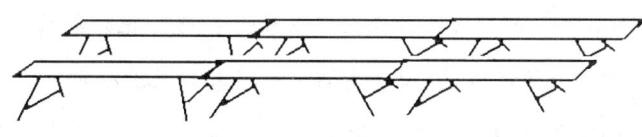

图 2-7-2

【指导与建议】

（1）教师要提醒幼儿彼此间保持一定的距离。

（2）在指导幼儿游戏时，要求他们眼看长凳的另一端，两臂平举，向前行进。

游戏2 桥上的挑战

【游戏目的】

通过在长凳上行走，发展幼儿身体的平衡能力。

【游戏对象】

中班幼儿。

【游戏准备】

长凳若干，塑料小筐若干，塑料吸管若干。

【游戏方法】

方法1：跨过地雷区。教师把三条长凳连成一条直线排在一起，把塑料小筐间隔一定距离放在长凳上，然后组织幼儿排成一路纵队站于长凳的一端。游戏开始，听到教师发出指令后，幼儿在长凳子上行走，依次跨过塑料小筐。如此反复进行练习。

方法2：你种我收。教师把三条长凳连成一条直线排列，然后把塑料小筐间隔一定距离放在长凳上。教师组织幼儿排成一路纵队站于长凳的一端，从排头幼儿开始，间隔一名幼儿，分发一些塑料吸管给他们。游戏开始，听到教师发出指令后，排头幼儿开始在长凳上行走，把塑料吸管依次放入塑料小筐内，第二个幼儿再把塑料吸管取回来。之后，第三个幼儿按照第一个幼儿的方法操作，第四个幼儿按照第二个幼儿的方法操作。如此反复进行练习。

方法3：牵着手，好朋友。如图2-7-3所示，教师把六条长凳成两条平行线进行摆放，两排长凳间隔80厘米左右。教师把幼儿分成两队，站于两排长凳的同一端。两队排头幼儿站在凳子上，面向前方，手牵着手。听到教师发出指令后，他们同时向前行进，走到长凳的另一端松手，然后绕回到自己队伍的后面。之后，两队中的第二组小朋友出发。如此反复进行练习。

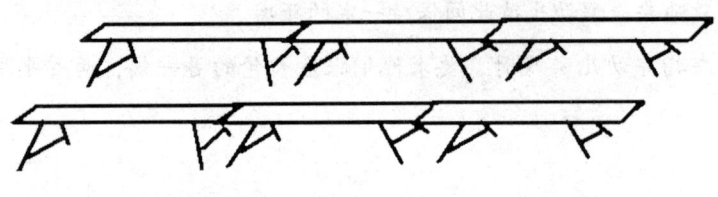

图2-7-3

方法4：相互扶持。教师把六条长凳成两条平行线进行摆放，两排长凳间隔80厘米左右。教师把幼儿分成两队，站于两排长凳的同一端。听到教师发出指令后，排头的两名幼儿面对面站在凳子上，双手同时相握，以侧向并步走的方式一同侧向行进，到达凳子的另一端后，下来绕回到自己队伍的后面。之后，第二组小朋友出发。如此反复进行练习。

【指导与建议】

（1）注意控制好前后幼儿的间隔。

（2）在方法3和方法4中，应要求两人相互配合。

(3) 也可在排成一条直线的长凳上，让多名幼儿前后搭肩走或手牵手侧向走。

游戏3　不一样的桥上游戏

【游戏目的】

(1) 通过一系列结合长凳的游戏，发展幼儿的平衡、跨走、绕行等能力。

(2) 以各种对抗性、挑战性游戏提高幼儿的运动兴趣。

【游戏对象】

大班幼儿。

【游戏准备】

长凳若干。

【游戏方法】

方法1：变向跨跃。教师把三条长凳成一条直线连接在一起，然后组织幼儿成一路纵队排列在一起。游戏开始，在教师的带领下，幼儿首先走到凳子的一侧，然后两脚依次跨到凳子的另一侧，再跨回来，再跨到另一侧，如此反复，不断地在凳子的两侧变向跨步向前走。

方法2：小鹿过桥。教师把六条长凳成两条直线连接在一起平行放置，两排长凳间隔40厘米，然后组织幼儿成一路纵队站于某一排长凳的一端。游戏开始，在教师的带领下，幼儿走上长凳，再跨到对面的长凳上，再次跨回来，如此反复向前变向跨行。

方法3：悬崖上的技巧。教师把三条长凳成一条直线连接在一起，组织幼儿排成一路纵队站在长凳一端。之后，教师面向幼儿跨骑在凳子上。游戏开始，听到教师发出指令后，幼儿依次在长凳上行走。遇到教师时，能力较强的幼儿，可以让教师把双手放在身后，自己抱着他绕过去；能力较弱的幼儿，可在教师的适当保护下绕过去。如此反复进行练习。此游戏中，教师也可选择若干名幼儿坐在凳子上充当障碍物。

方法4：猜拳决胜负。教师把三条长凳成一条直线连接在一起，然后把幼儿分成两组，要求他们面对面分别站于长凳的一端。游戏开始，听到教师发出指令后，两组排头幼儿首先出发，在长凳上相遇时，两人相互猜拳，胜方继续向前走，负方跳下长凳，此时负方一组的第二个幼儿出发。如此反复进行，看哪一组顺利通过长凳的幼儿多。

方法5：绕过对方。游戏前组织方法同方法4。游戏开始，两组排头幼儿首先出发，相遇后，要求相互配合绕过对方，不能掉下长凳，掉下即失败。到达终点后，每组第二个幼儿再出发，如此反复进行练习。

方法6：会动的小桥。如图2-7-4所示，教师把一条长凳放于地面上，再把两条长凳横放在它的上面，使两条长凳一端高，一端低。之后，教师组织幼儿成两组分别站在两条长凳较低的一端。游戏开始，排头幼儿首先在长凳上行走。在行走过程中，幼儿可以降低重心，控制长凳的变化。最后，看看哪些幼儿能顺利通过。

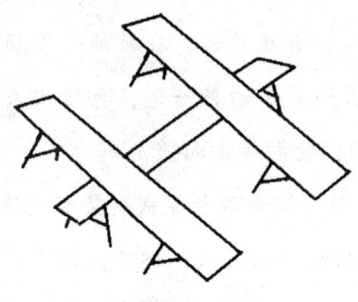

图2-7-4

方法7：更上一层楼。如图2-7-5所示，教师把四条长凳成一条直线连接在一起，然后在上面间隔一定的距离架上两条长凳，要求幼儿成一路纵队站于长凳一端。游戏开始，排头幼儿先从第一层长凳上爬到第二层长凳上进行行走，之后，再跳到第一层长凳上行走，一定距离后再次爬上第二层长凳，走到长凳的尽头后跳下来。之后，第二个幼儿开始行走。幼儿依次进行练习。

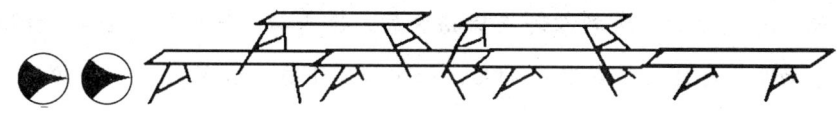

图 2-7-5

【指导与建议】

（1）此系列游戏主要针对大班幼儿的各种行走能力设计的，都具有一定的挑战性。教师在组织这些游戏时，注意幼儿前后的间隔，要保证幼儿操作中的安全。

（2）长凳上的挑战多种多样。教师可以借助长凳的宽度与高度进行设计，也可以利用其他材料与长凳进行组合设计，还可以利用多条长凳进行组合设计。教师应根据需要利用各种资源，使活动呈现出趣味性、层次性、挑战性等特点。

材料设计与实际运用2——促进幼儿跑步能力的发展

游戏4　排排坐

【游戏目的】

（1）锻炼幼儿有序排座的能力，培养他们的集体意识。

（2）发展幼儿执物跑的能力。

【游戏对象】

小中班。

【游戏准备】

长凳4条，小皮球4个。

【游戏方法】

如图2-7-6所示，教师把四条长凳间隔一米的距离平行放置。教师把幼儿分成四组，每组幼儿面向同一方向排排坐在长凳上，每组排头幼儿手执一个皮球。游戏开始，听到教师发出指令后，排头幼儿把球传给第二个幼儿，第二个幼儿再把球传给第三个幼儿，依次传递下去，直至最后一个幼儿。最后一个幼儿手执皮球跑向排头，其他幼儿以坐移的方式快速向排尾移动身体，把排头的位置空出。执球的幼儿坐下后，把球再次向排尾传递。如此反复进行，当每个幼儿都完成一次后游戏结束，看哪一组最先完成。

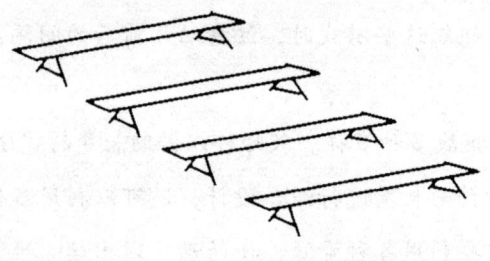

图 2-7-6

【指导与建议】

（1）排尾的幼儿只有拿到球后，才能起身向排头跑。

（2）执球幼儿只有坐下后，才能开始传递球。

（3）在组织此游戏过程中，教师应针对小班幼儿的特点逐步进行教学，应先完成座位的变换，再进行执球传递的完整游戏。

（4）教师也可让中大班幼儿玩此游戏，只不过应适当增加游戏的难度。比如，可让幼儿朝同一方向，以纵队的方式跨坐在长凳上。传递球时，要求幼儿把球从头顶向后传；移动身体时，要求幼儿坐着向后移动。

游戏 5　毛毛虫

【游戏目的】

（1）通过有趣的游戏形式，锻炼幼儿多人协同跑的能力。

（2）发展幼儿的上肢力量。

【游戏对象】

大班幼儿。

【游戏准备】

长凳2条。

【游戏方法】

教师把幼儿分成人数相等的两队,要求每队幼儿成纵队站立。在每队前放置一条长凳,且长凳的方向与幼儿队伍的方向相同。教师把每队幼儿分成五人一组,要求两队第一组幼儿两脚分开站立,间隔均匀地站在长凳的两侧。第一组排头与排尾的幼儿双手提起凳脚,中间的三名幼儿双手托住凳面,把长凳抬起。游戏开始,听到教师发出指令后,第一组幼儿一起以开步跑的方式跑至终点,把长凳放下。之后,他们排头变排尾,排尾变排头,再次抬起长凳跑回,交给第二组幼儿。如此反复进行,看哪一队最先完成。

【指导与建议】

（1）要求每组幼儿尽可能同步,可以一起喊着节奏向前跑。

（2）此游戏要求选择宽度较窄的长凳进行。

（3）比赛前,教师应让幼儿进行更多的练习。

材料设计与实际运用3——促进幼儿钻爬能力的发展

游戏6 小猴子过桥

【游戏目的】

锻炼幼儿的平衡能力和爬行能力。

【游戏对象】

小班幼儿。

【游戏准备】

长凳2条。

【游戏方法】

教师把两条长凳并排摆放,中间间隔20～30厘米,然后组织幼儿排成一路纵队。游戏开始,听到教师发出指令后,幼儿把双手和双脚分别放在两条长凳上,用手脚着地爬的方式通过长凳,如此反复进行练习。

【指导与建议】

(1)注意控制前后幼儿的间距。

(2)提醒幼儿通过长凳时,速度不要太快,手脚要能够准确地落在长凳上。

(3)为了让长凳更加稳定,教师可以把两条长凳的两头固定在另外两条长凳上(见图2-7-7)。

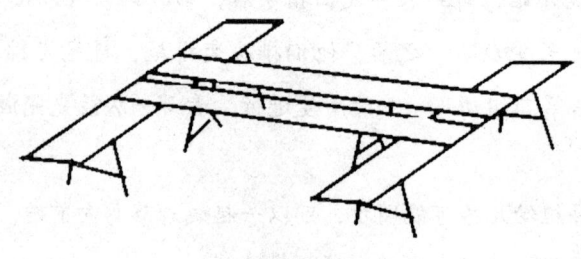

图 2-7-7

游戏 7 彩虹桥

【游戏目的】

锻炼幼儿侧向爬行的能力及手腿的支撑力。

【游戏对象】

中班幼儿。

【游戏准备】

长凳4条。

【游戏方法】

如图2-7-8所示,教师把四条长凳平行摆放成两排,两排长凳之间间隔50~60厘米。教师组织幼儿排成一路纵队站在两排长凳的中间。游戏开始,听到教师发出指令后,幼儿把双手放在一排长凳上,把双脚放在另一排长凳上,拱起身体,用侧向移动的方式向另一端爬行。如此反复进行练习。

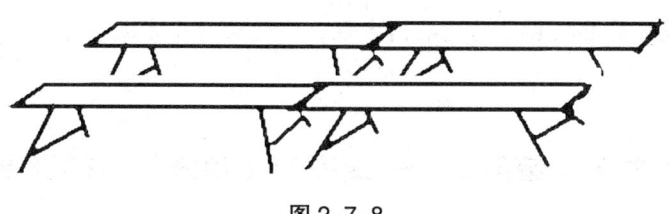

图 2-7-8

【指导与建议】

（1）注意幼儿前后之间的间隔。

（2）两排长凳间的距离不宜太宽，要让幼儿身体的重心落在两排长凳中间。

（3）针对此游戏，教师也可以把幼儿分成两组，让一组幼儿按照游戏中的要求集体形成拱门，让另一组幼儿从拱门下钻爬过去。

游戏8　小蛇绕木

【游戏目的】

通过在长凳上下进行绕跨的练习，锻炼幼儿身体的灵活性。

【游戏对象】

大班幼儿。

【游戏准备】

长凳1条。

【游戏方法】

教师组织幼儿排成一路纵队站于长凳的一端。游戏开始，听到教师发出指令后，排头幼儿仰身平躺在长凳的下面一侧，以脚蹬地的方式从长凳的下面钻过到另一侧，完成后，再以匍匐爬的动作从长凳的上面爬过去。后面的幼儿跟随排头的幼儿进行操作。

【指导与建议】

（1）钻过长凳时，幼儿需要手脚并用，同时让身体紧贴地面，扭动躯干，才可顺利通过。

（2）教师需要把长凳的两端固定住，以便让幼儿完成动作。

材料设计与实际运用 4——促进幼儿跳跃能力的发展

游戏 9　骑马过江

【游戏目的】

（1）锻炼幼儿上下肢的协调能力。

（2）促进幼儿跳跃能力的发展。

【游戏对象】

中班幼儿。

【游戏准备】

长凳 2 条。

【游戏方法】

教师把幼儿分成两路纵队，每队一条长凳。每队幼儿分别站于长凳的一端，排头幼儿两腿左右分开骑跨在长凳上，同时双手支撑在长凳上面。游戏开始，听到教师发出指令后，排头幼儿双手同时向前支撑在长凳上不动，然后双脚蹬地向前跳起。就这样幼儿手脚有节奏地配合，不断地形成支撑跳跃。其他幼儿紧随其后进行练习。

【指导与建议】

（1）控制好前后幼儿的间隔。

（2）在长凳的终点处放上轮胎，避免长凳翘起。

游戏 10　小蚱蜢

【游戏目的】

（1）锻炼幼儿上下肢的协调能力。

（2）发展幼儿并脚跳跃的能力。

【游戏对象】

大班幼儿。

【游戏准备】

长凳2条。

【游戏方法】

教师把幼儿分成两组，分给每组一条长凳，要求每组幼儿站于长凳的一端。游戏开始，各组幼儿依次进行。首先，各组排头幼儿把双脚立于长凳一侧的地面上，身体前屈，同时把双手用力支撑在长凳上，把双脚从长凳的一侧跳向另一侧。之后，身体向前移动，再次从长凳的一侧跳到另一侧。如此反复向前移动进行练习。

【指导与建议】

（1）控制好前后幼儿的间隔。

（2）游戏过程中，提醒幼儿在用手臂支撑时要伸直手臂。

（3）游戏过程中，幼儿既可以面朝前方不断地向前跳跃，又可以采用向后移动的方式跳跃。如果是多人同时练习，也可采用原地跳跃的方式进行。

材料设计与实际运用5——促进幼儿其他能力的发展

游戏11 公交车

【游戏目的】

（1）锻炼幼儿坐位行的能力。

（2）以情境设计的方式提高幼儿游戏的趣味性。

【游戏对象】

大班幼儿。

【游戏准备】

长凳6条，四轮滑板车12辆。

【游戏方法】

如图2-7-9所示，教师把一条长凳反过来，将它的两端分别放在两辆四轮滑板车上，变成一辆公交车。教师把幼儿分成若干小组，要求"公交车"的前后各坐1名幼儿，中间坐3名幼儿。大家一起用坐位行的方式用力，其中排头幼儿负责控制方向，让"公交车"在场地上自由行驶。

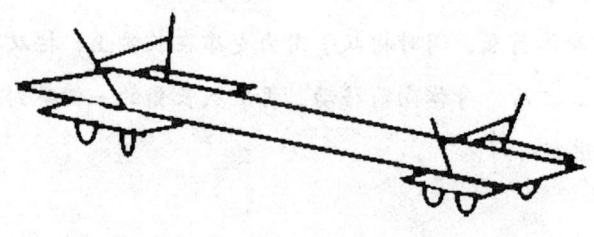

图 2-7-9

【指导与建议】

（1）要求各组幼儿能够形成统一的节奏，同时用力。

（2）提醒各组幼儿注意相互避让。

（3）组织此游戏时，也可以让中间的幼儿把双脚抬起，让前后两名幼儿用力滑行。

材料八　轮胎

材料分析

近几年来，不论在幼儿园体育活动中还是在环境创设中，随处可见轮胎。作为一种非专属性体育材料，轮胎之所以会如此受欢迎，与其本身所具备的各种特性是分不开的。首先,它能滚动起来,可满足学前阶段幼儿对于滚动材料的需求。其次,它具有一定的重量和宽度,可让幼儿进行平衡走、跳、搬运的练习。再次,它还能跟其他材料组合,可应用于大型建构性体育活动中,或作为辅助材料存在,以促进幼儿搭建、攀爬、钻绕等动作的发展。最后,它是由富有弹性的橡胶制成的,具有一定的安全性。因此,在幼儿园中教师常常利用轮胎开展体育活动。

轮胎的功能、游戏名称及对应年龄分布表

材料功能	游戏名称	小班	中班	大班
促进走跳能力发展	轮胎上的行动	√		
	跳跃的脚步		√	
	支撑分脚跳跃			√
促进控制能力发展	轮胎的控制（一）		√	
	轮胎的控制（二）			√
增强力量,促进综合能力发展	拔河比赛	√		
	集体的力量			√
	通过安全门			√
	登高远望			√

材料设计与实际运用 1——促进幼儿走跳能力的发展

游戏 1　轮胎上的行动

【游戏目的】

（1）在轮胎上练习变向走、跨步走等动作,锻炼幼儿的腿部肌肉及身体的控制能力。

（2）鼓励幼儿尝试站在一定高度的轮胎上保持身体平衡，提高他们身体的平衡能力。

【游戏对象】

小班幼儿。

【游戏准备】

轮胎若干。

【游戏方法】

方法1：教师将若干轮胎平放在地面上，摆成圆形。幼儿成一路纵队，依次沿着轮胎外侧绕圈进行平衡走的练习。

方法2：教师将轮胎随机平放在地面上，轮胎间间隔一定的距离，距离以幼儿跨步能到达为宜。全体幼儿自由在轮胎上跨步行走。

方法3：教师将若干轮胎摆成一条直线，轮胎间间隔半米左右的距离。幼儿成一路纵队站立，听到教师发出指令后，先走上轮胎，再走入轮胎中间的空隙，然后再走上轮胎，如此形成跨上、跨下的动作。

【指导与建议】

（1）注意前后幼儿之间的间隔。

（2）方法2中，提醒幼儿动作不要太快。摆放轮胎时，尽可能形成不同的距离。

（3）鼓励幼儿借助轮胎的高度和宽度，进行各种走的练习。教师可以设计各种情境，在增强游戏趣味性的同时，提高幼儿的平衡能力、下肢力量及在不平坦的道路上控制自己身体的能力。

游戏2　跳跃的脚步

【游戏目的】

带领幼儿在轮胎上进行纵跳动作及交叉跳跃动作的练习，锻炼幼儿的腿部肌肉及腿部控制能力。

【游戏对象】

中班幼儿。

【游戏准备】

轮胎5个。

【游戏方法】

方法1：教师将五个轮胎成一条直线连接在一起，平放在地面上。幼儿成一路纵队站在起点处。游戏开始，排头幼儿双脚同时用力纵跳跳上轮胎，然后再跳入轮胎中间的空档处，之后再次向前纵跳跳上轮胎，如此反复，不断向前跳跃。后面的幼儿跟随排头幼儿依次进行跳跃练习。

方法2：教师把幼儿分成三组。第一组先进行练习，每两个幼儿一个轮胎，面对面站立在轮胎的两侧。教师首先要求每个幼儿把一只脚踩在轮胎上，把另一只脚踩在地面上。听到教师发出指令"换"后，每个幼儿两脚同时用力向上跳起，在空中交换双脚，落地时让原先踩在轮胎上的脚踩在地面上，原先踩在地面上的脚踩到轮胎上。如此反复进行交叉跳跃，一定时间后，换第二组、第三组进行。

【指导与建议】

（1）方法1中，教师要注意控制前后幼儿之间的间距。

（2）方法1中，从轮胎中间的空档处跳上轮胎时，如果幼儿有困难，应允许他们跨上轮胎。

（3）方法2中，应向幼儿强调上下肢的协调，使他们动作完成得更加自如。在此过程中，教师可以不断地加快指令。当幼儿动作熟练后，可让他们进行自主练习。

（4）跳跃的方式多种多样，如纵跳、跨跳、交叉跳、变向跳、跳下、跳上、转身跳等。教师应根据需要及幼儿的能力选择，并进行场地的设计。

游戏 3　支撑分脚跳跃

【游戏目的】

（1）带领幼儿在轮胎上进行支撑分脚跳跃动作的练习，锻炼幼儿上下肢肌肉的力量及腿部的柔韧性。

（2）增强幼儿的心理承受能力，培养他们的勇气。

【游戏对象】

大班幼儿。

【游戏准备】

轮胎3个，海绵垫1块。

【游戏方法】

如图2-8-1所示，教师将三个轮胎叠放在一起，并且在前面放置一块海绵垫。教师站在轮胎的侧面，要求幼儿成一路纵队站在轮胎的后面。游戏开始，排头幼儿双手用力支撑在轮胎的最上方，同时双脚用力跳起，在空中时两腿尽量左右分开，并使身体重心向前，通过轮胎落地时，双脚尽可能并拢，落在垫子上。后面的幼儿依次进行练习。

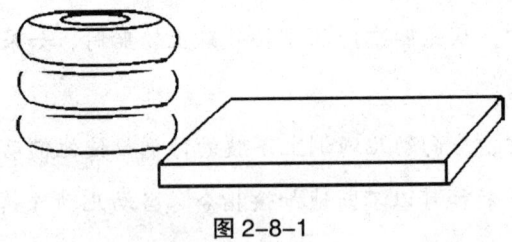

图 2-8-1

【指导与建议】

（1）教师在轮胎的侧面站立，主要起到保护与辅助的作用。对于能力较弱的幼儿，教师可以用一只手握住幼儿的上臂，帮助其手臂伸直形成腾空；对于能力较强的幼儿，可以让他们尝试助跑、支撑、跳跃完成动作。

（2）支撑跳跃，对于幼儿上下肢的力量有较高的要求。因此，教师在教学中应循序渐进。当幼儿能力较强时，也可尝试增加轮胎的高度。

（3）此游戏也可在沙坑中进行，即教师带领幼儿在沙坑内挖出一个坑，把轮胎的一部分埋在沙坑内，另一部分立起来。完成后，幼儿可进行支撑跳跃的自主练习。当然，教师也可按照一定的路线，多设置几个立起的轮胎，以提高幼儿练习的次数。

材料设计与实际运用 2——促进幼儿控制能力的发展

游戏 4 轮胎的控制（一）

【游戏目的】

（1）在推轮胎滚动的过程中，促进幼儿手部肌肉动作的发展。

（2）通过身体带动轮胎滚动，提高幼儿身体的协调性及控制能力。

【游戏对象】

中班幼儿。

【游戏准备】

轮胎若干。

【游戏方法】

方法 1：看谁滚得直。教师把幼儿分成两人一组，每组一个轮胎。两名幼儿间隔 5 米站在同一直线上，其中一名幼儿把轮胎立起，用力推动自己手里的轮胎，看谁能顺利地把轮胎滚到对方所在的位置。

方法 2：轮胎的相遇。教师把幼儿分成两人一组，每人一个轮胎。两名幼儿间隔 5 米站在同一直线上，两人把轮胎立起，用力推动自己手里的轮胎，看看两个轮胎能不能在中间相遇。如果能相遇，则增加两人间的距离；如果不能，则减少两人间的距离。如此反复进行游戏。

方法 3：忙碌的马路。教师利用轮胎作为障碍物，在一块较大的场地上设置多条交叉的马路。幼儿每人持一个轮胎，让轮胎自由地在马路上滚动，一方面要能绕过各障碍物，另一方面要能避开其他幼儿。游戏反复进行。

【指导与建议】

（1）方法1中，教师也可以组织幼儿进行比赛，看谁滚得远。

（2）方法2中，两人在推轮胎时，可以一起喊口号，同时用力。

（3）此游戏既可应用于集体教学活动中，也可以作为户外自主活动开展。

（4）若材料有限，可分组进行游戏。

游戏 5 轮胎的控制（二）

【游戏目的】

（1）运用多种方法提高幼儿对轮胎的控制能力，发展他们身体的灵敏性及协调性。

（2）增强幼儿的身体力量。

【游戏对象】

大班幼儿。

【游戏准备】

轮胎、小皮球、短木棒、木板若干。

【游戏方法】

方法1：教师把幼儿分成两人一组，每组一个轮胎和一个小皮球。如图2-8-2所示，把小皮球放在轮胎的内环处。游戏开始，一人独自滚动轮胎，一定距离后，换另一人进行操作。如此反复进行练习。

方法2：教师把幼儿分成两人一组，每组一个轮胎和一根短木棒。教师要求两人把短木棒穿过轮胎，然后分别站在轮胎的两侧，每人手握木棒的一端，带动轮胎滚动起来。

方法3：教师把幼儿分成若干小组，每组五个幼儿。教师为每组提供四个轮胎和一块木板，要求每组自行设计，看看哪一组可以借助木板让轮胎滚得最远。

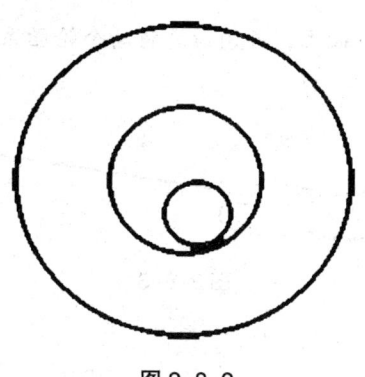

图 2-8-2

【指导与建议】

(1) 游戏过程中,强调幼儿间能相互分工与合作。

(2) 上述方法3既对幼儿的科学思维能力提出了挑战,又需要幼儿有持续操作的力量;既需要幼儿对滚动的轮胎有较好的控制能力,又对小组的分工与合作提出了较高的要求。因此,教师应有目的地引导幼儿开展此游戏。

材料设计与实际运用3——增强幼儿的身体力量,促进幼儿综合能力的发展

游戏7 拔河比赛

【游戏目的】

(1) 通过集体游戏,增强幼儿的身体力量。

(2) 在拉轮胎的游戏中,培养幼儿的同伴合作能力,提高幼儿游戏的趣味性。

【游戏对象】

中班幼儿。

【游戏准备】

轮胎8个,短绳4根,长绳4根,制作成如图2-8-3所示的器材(制作

方法：把两个轮胎放于地面上，并用短绳将两个轮胎系在一起，然后用长绳连接其中的一个轮胎）。

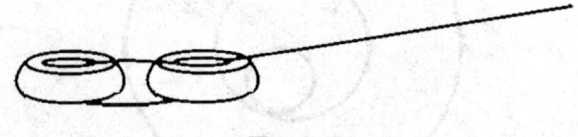

图 2-8-3

【游戏方法】

方法1：教师把幼儿分成四组，每组一套器材。教师把四套器材平行放在起点处。每组幼儿分别站在长绳的两侧，原地不动。听到教师发出指令后，幼儿用双手不断地拉动绳子，使轮胎向自己的方向移动。当轮胎碰到幼儿时，游戏结束，看哪一组最先完成。

方法2：教师把幼儿分成四组，每组一套器材。教师把四套器材平行放在起点处，然后要求各组幼儿以拔河的队形站于绳子的两侧，前后保持一定的间距。起点至终点10米左右。游戏开始，听到教师发出指令后，每组幼儿一起边跑边用力拉动轮胎，把轮胎拉过终点，看哪一组最先完成。

【指导与建议】

（1）方法2中，教师要注意前后幼儿的间距，避免他们在跑动中相互碰撞。

（2）人数多时，教师也可如图2-8-4所示，在轮胎上连接两根长绳，让更多的幼儿一起操作。教师还可以根据幼儿的力量，适当增减轮胎的数量。

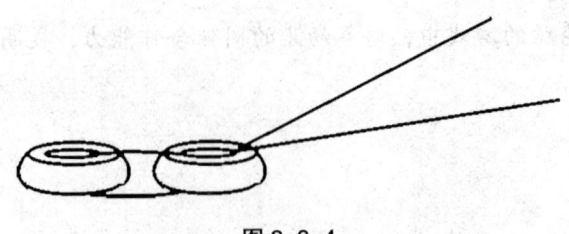

图 2-8-4

（3）此游戏也可在沙地上进行。比如，把沙地整平，在一个轮胎上系两根长绳，然后将轮胎放于沙地的一端。一名幼儿坐在轮胎上，其他幼儿站在沙地的两侧，以拉纤的方式，拉动幼儿向前滑行。

游戏 8　集体的力量

【游戏目的】

（1）通过集体的同步操作，增强幼儿的身体力量。

（2）促进幼儿合作能力的发展。

【游戏对象】

大班幼儿。

【游戏准备】

组合材料若干，制作方法如下：把 8 根长度相等的长绳均匀地系在同一个轮胎上（见图 2-8-5）。

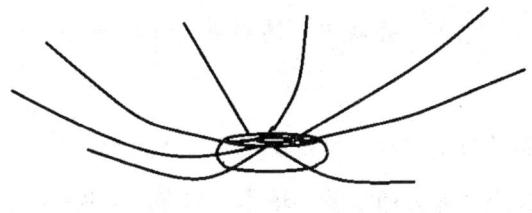

图 2-8-5

【游戏方法】

教师把全体幼儿分成若干小组，每组 8 人。每组幼儿面向轮胎，每人拿着轮胎上的一根绳子。听到教师发出指令"拉"后，所有幼儿站在原地不动，双手用力拉住绳子，身体后仰，把轮胎拉起；听到教师发出指令"放"后，所有幼儿放松手臂，前体前倾，让轮胎落于地面，如此反复进行练习。一定时间后，当轮胎被拉起时，教师发出指令："转。"此时，所有幼儿按照教师指定的方向，以轮胎为中心进行绕圈转动。如此反复进行游戏。

【指导与建议】

（1）此游戏要在教师的指导下进行。教师的指令应起到较好的调控作用，让幼儿在静态和动态中练习全身的力量。

（2）除了让幼儿练习"拉""放""转"等动作外，还可以让他们练习"拖""移""抛"等动作。比如，"拖"，即让幼儿把轮胎放于地面，一起朝一个方向拖动；"移"，即让轮胎停于空中，集体朝一个方向移动；"抛"，即大家一起用力带动绳子，把轮胎抛起。

（3）此器材除了用来增强幼儿的力量外，还可以用来锻炼幼儿的跳、钻、走等动作。比如，可以把轮胎放于地面，将8根长绳拉直后也均匀地放于地面。然后把幼儿分成若干小组，让幼儿进行闭目踩绳走的练习；也可以把轮胎放于地面，要求一部分幼儿把8根长绳拉起，其他幼儿进行连续跳跃的练习，或者进行一定高度钻的练习等。教师可根据需要改造器材，促进幼儿各种能力的发展。

游戏9　通过安全门

【游戏目的】

（1）通过轮胎的堆高游戏，增强幼儿的身体力量。

（2）促进幼儿合作能力的发展，培养他们有序排队的意识。

【游戏对象】

大班幼儿。

【游戏准备】

轮胎若干。

【游戏方法】

方法1：建烟囱。教师把全体幼儿分成六组，每组分配若干轮胎。各组之间间隔1米左右。游戏开始，教师要求每组幼儿分工合作，尽可能把自己小组的轮胎堆高，形成烟囱的样子，看看哪一组堆得最高。

方法2：过小门。在方法1的基础上，教师组织幼儿随机站在六个"烟囱"的同一侧。听到教师发出口令"起火了,快速通过小门"后,所有幼儿任选两个"烟囱"之间形成的小门,在尽可能不碰倒"烟囱"的情况下通过小门。如果能顺利完成,教师将关闭一扇小门,要求幼儿再次进行以上游戏。如此反复进行练习。

【指导与建议】

(1)游戏过程中,如果轮胎被碰倒,幼儿需要把它们恢复好再进行游戏。

(2)教师不应急于引导幼儿有序地通过小门,应该给他们更多自我尝试的机会,并最终让他们明白:小朋友只有彼此谦让、有序排队,才能安全通过小门。

游戏10 登高远望

【游戏目的】

(1)通过轮胎的堆高游戏,增强幼儿的身体力量。

(2)促进幼儿的合作能力、平衡能力及控制恐惧能力的发展。

【游戏对象】

大班幼儿。

【游戏准备】

轮胎和大垫子若干。

【游戏方法】

教师把幼儿分成两组,每组分配若干轮胎与垫子。游戏开始,幼儿在教师的指导下,由低到高,不断地把轮胎堆成楼梯形,看哪一组最先完成四层楼梯。之后,教师要求幼儿把大垫子放在楼梯最高处的前方及两侧。完成后,每组幼儿依次爬上每层楼梯,再从最高处跳下。如此反复进行游戏。

【指导与建议】

(1)堆放轮胎时,教师可出示图片(见图2-8-6)让幼儿自己操作,同时要求幼儿摆放的轮胎要很平稳。

图 2-8-6

（2）提醒幼儿不要把轮胎堆得太高。轮胎堆得过高，会让它们的稳定性下降，影响幼儿下一步的游戏。

（3）在幼儿向下跳时，教师应提醒幼儿把垫子加厚，以保障他们游戏的安全。同时，应提醒幼儿站在最高处时，要保持好身体的平衡。

（4）上述游戏中，在幼儿堆了四层楼梯后，可以让他们接着再堆三层，只不过这三层的的高度要依次降低（见图2-8-7）。这样就形成了一座拱桥，可以让幼儿进行走或爬的练习。

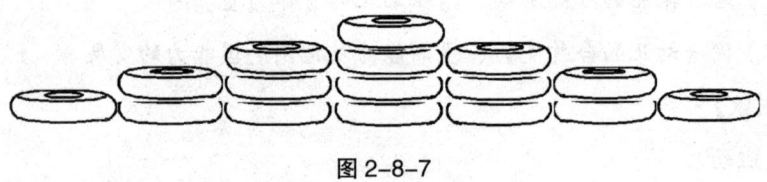

图 2-8-7

（5）堆放轮胎的方式多种多样。在大型堆放轮胎的活动中，教师应强调幼儿间的合作，让他们以集体操作的方式进行。教师可给予一定的指导，让幼儿搭建出更多的物体，如金字塔、城堡、立交桥、城墙、迷宫等，并鼓励幼儿结合所搭建的物体进行身体活动。同时，教师还可以把这些搭建出来的物体较长时间地放于户外，成为户外环境的一部分。

材料九　塑料袋

材料分析

塑料袋是生活中最常见的材料之一，由于其成本低廉、便于存放，已经成为生活中不可缺少的用品。塑料袋的大小、厚薄不一，样式也多种多样。在幼儿园中，有许多活动都运用到塑料袋这一材料。

由于塑料袋具有材质轻、可变性强、能盛放一定的物品等特点，因此适合用来锻炼幼儿的力量及走、跑、跳、投等基本动作。

塑料袋的功能、游戏名称及对应年龄分布表

材料功能	游戏名称	小班	中班	大班
促进走步能力发展	提起自己	√		
	两人三足			√
	瘸狼抓兔			√
	小心地滑			√
促进跑步能力发展	放飞梦想	√		
	小袋子飞起来		√	
	降落伞		√	
增强身体力量	打仙桃			√
	链球			√
	送沙工地			√

材料设计与实际运用 1——促进幼儿走步能力的发展

游戏1 提起自己

【游戏目的】

借助塑料袋进行走的练习,锻炼幼儿的下肢力量及上下肢协调能力。

【游戏对象】

小班幼儿。

【游戏准备】

可手提加厚塑料袋若干。

【游戏方法】

每个幼儿分别领取两个塑料袋,并把两个塑料袋分别套在自己的两只脚上,然后双手分别提住塑料袋的提手,以半蹲走的方式跟随教师进行走的练习。教师在前带领,幼儿在后模仿。教师可向幼儿示范轻轻地走、大步走、慢走、快走、变向走等动作,也可增加下蹲的动作,对幼儿的运动量进行调节。

【指导与建议】

(1)因为幼儿是以无序的队形跟随教师进行练习,因此教师应提醒幼儿注意前后左右的距离,不要太拥挤。

(2)此游戏对于幼儿的腰腹部力量要求较高,因此教师可采用下蹲的动作进行调节。

(3)除以上方法外,教师还可以给每个幼儿一个塑料袋,让他们套在一只脚上进行走的练习。

游戏2 两人三足

【游戏目的】

(1)借助塑料袋进行两人三足的练习,锻炼幼儿间的协同能力。

（2）增强幼儿身体的协调能力及腰腹部的持续力量。

【游戏对象】

大班幼儿。

【游戏准备】

组合材料若干，制作方法：把一个手提加厚塑料袋的一个提手与另一个手提加厚塑料袋的一个提手系在一起。

【游戏方法】

教师把幼儿分成两人一组，每组一个组合材料。两名幼儿朝同一方向并排站立，每人把一个塑料分别套在两人相邻的脚上，然后用相邻的手提起塑料袋的另一个提手。听到教师发出指令后，两人一起在场地上自由行走，看哪一组走得最快且塑料袋不会被损坏。

【指导与建议】

（1）提醒每组幼儿在行走过程中，可借助"1、2"口号统一动作。

（2）可选择塑胶场地开展此游戏，以减少幼儿在同步行走过程中对塑料袋的磨损。

（3）在动作的变化上，教师还可以要求两名幼儿正反站位，这样两名幼儿在行走时会更多地以转圈走的方式进行。

游戏3　瘸狼抓兔

【游戏目的】

（1）借助塑料袋开展角色游戏，增强幼儿游戏的趣味性。

（2）提高幼儿行走的灵敏性及跳跃能力。

【游戏对象】

大班幼儿。

【游戏准备】

塑料袋1个。

【游戏方法】

教师在场地上设置出一个圆形区域,直径为6~7米。然后选出一名幼儿充当大灰狼,其他幼儿充当小兔。教师要求充当大灰狼的幼儿把一个塑料袋套在自己的一只脚上,同时用同侧手提住此塑料袋的两个提手。游戏开始,充当小兔的幼儿以双脚并跳的方式在规定的圆形场地内自由跳跃,以躲避大灰狼,大灰狼以提袋走的方式去抓小兔子。

【指导与建议】

(1)小兔子只要被大灰狼碰到,就算被抓到。小兔子若跳出场地外,也算失败。这两种情况一旦发生,幼儿就要进行角色互换。

(2)此游戏开展过程中,教师应较好地评估扮演大灰狼的幼儿与扮演小兔子的幼儿间的能力差异。若大灰狼总是能在较短的时间内抓到兔子,则应增大圈的范围;若大灰狼较难抓到兔子,一方面可缩小圈的范围,另一方面也可增加大灰狼的数量。

游戏4 小心地滑

【游戏目的】

(1)借助塑料袋进行平衡走的练习,促进幼儿自我保护能力的发展。

(2)锻炼幼儿的平衡能力及身体的控制能力。

【游戏对象】

大班幼儿。

【游戏准备】

塑料袋若干,大塑料布1块,水。

【游戏方法】

教师在场地上铺设一块大的塑料布,并在上面泼洒一些水。教师要求每个幼儿把两个塑料袋分别套在两只脚上,并把塑料袋的提手绑在一起,让塑料袋固定在脚上。游戏开始,教师要求幼儿依次走过大塑料布,看看谁能安全地通过。游戏反复进行。

【指导与建议】

（1）提醒幼儿前后保持一定的距离，依次通过。

（2）在进行指导时，提醒幼儿在行走时降低重心，让两手臂在身体两侧保持好平衡，体会身体的控制能力。

（3）可以允许身体控制能力较强的幼儿稍稍加快速度。

材料设计与实际运用 2——促进幼儿跑步能力的发展

游戏 5 放飞梦想

【游戏目的】

借助塑料袋进行奔跑的练习，锻炼幼儿的下肢力量及持续跑动的能力。

【游戏对象】

小班幼儿。

【游戏准备】

组合材料若干，制作方法：把两根细毛线（长约 1.5 米）的一端分别系在塑料袋（手提轻薄塑料袋，颜色各异）的两个提手上，并把两根细毛线的另一端系在一起。

【游戏方法】

教师把组合材料分发给每个幼儿。幼儿手执毛线，在场地上自由奔跑，让塑料袋能在奔跑中飞上天空。最后，比赛看看谁能让自己的塑料袋在天空飞起来。

【指导与建议】

（1）小班幼儿一般采用定向奔跑的方式进行，因此教师在场地上需要设置较长的区域，让幼儿进行活动。

（2）提醒幼儿跑动时速度不需要太快。

（3）教师也可以采用分组轮换的方式组织幼儿进行游戏。

游戏6 小袋子飞起来

【游戏目的】

通过跑动中抓袋的练习，发展幼儿的手眼协调能力。

【游戏对象】

中班幼儿。

【游戏准备】

小型超薄塑料食品袋若干。

【游戏方法】

教师组织幼儿自由分散在场地上，分给每个幼儿一个小塑料袋，并且要求幼儿双手提着塑料袋的提手。游戏开始，幼儿抬起头，把嘴巴对准塑料袋口，向袋子里吹气，吹完的同时松手，让小袋子飞起来。完成后，幼儿快速移动身体，用手抓住落下来的袋子。最后，看谁吹得高、抓得准。

【指导与建议】

（1）在组织过程中，教师应提醒幼儿注意彼此间的距离，避免相互碰撞。

（2）教师在指导时，应向幼儿强调如何进行深呼吸才能让袋子飞得更高。

（3）要想锻炼幼儿跑动中的手眼协调能力，教师也可采用"降落伞"的方式开展游戏。比如，教师可事先在小塑料袋的两个提手处系上两根短线，再把短线的另一端同时连接到一个纸球上。游戏时，幼儿把小塑料袋与纸球团在一起向上抛，再准确地接住"降落伞"。

游戏7 降落伞

【游戏目的】

（1）借助塑料袋进行奔跑的练习，锻炼幼儿的下肢力量及持续跑动的能力。

（2）提高幼儿跑步游戏的趣味性。

【游戏对象】

中班幼儿。

【游戏准备】

组合材料若干，制作方法：把两根短绳成环形分别系在大号塑料袋的两个提手上（见图2-9-1）。

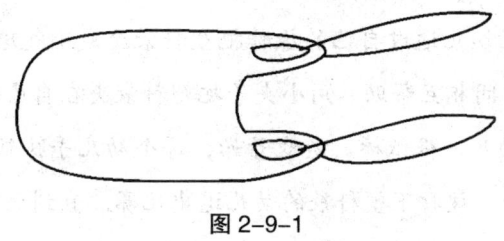

图 2-9-1

【游戏方法】

教师把全体幼儿分成四组，成纵队站于起跑线上，起点距离终点约10米。每组一个组合材料，每组排头幼儿把两根成环形的短绳分别套在自己的肩膀上。游戏开始，听到教师发出指令后，排头幼儿快速跑向终点，然后返回，把组合材料交给本组的第二个幼儿。如此反复进行，看哪一组幼儿最先完成。

【指导与建议】

（1）提醒幼儿只有把绳子套在肩膀上以后，才能开始跑动。

（2）游戏中，大号塑料袋主要起到阻力的作用。当幼儿奔跑时，塑料袋会鼓起，如同降落伞，增强了跑步游戏的趣味性。

（3）还可以把短绳去掉，要求幼儿两手分别抓住大塑料袋的两个提手，让他们由高处向下跳，增强跳跃游戏的趣味性。

游戏 8 打仙桃

【游戏目的】

借助塑料袋进行四散追逐跑的练习，提高幼儿身体的灵敏性及奔跑能力。

【游戏对象】

大班幼儿。

【游戏准备】

塑料袋若干，60厘米长的纸棒若干，小夹子若干。

【游戏方法】

教师在场地上设置一个直径为5米的圆形场地，并且分给每个幼儿一个塑料袋。教师要求幼儿通过自己的操作把塑料袋变成小气球，并把两个提手绑在一起。幼儿之间相互帮助，用小夹子把塑料袋夹在自己的背上。完成后，教师分发给每个幼儿一根纸棒。游戏开始，每个幼儿手执纸棒，去敲打其他幼儿背上的塑料袋，被打下塑料袋的幼儿退出比赛。直到剩下1～2名幼儿，游戏结束。

【指导与建议】

（1）提醒幼儿纸棒只能用来敲打塑料袋。

（2）可以要求幼儿把塑料袋悬挂得低一点，以便于他们敲打。

（3）可以选择大一些的塑料袋，以便于幼儿在跑动中击中目标。

材料设计与实际运用3——增强幼儿的身体力量

游戏9 链球

【游戏目的】

（1）借助塑料袋进行各种姿势的投掷练习，提高幼儿的全身力量及协调能力。

（2）以陌生的方式操作陌生的材料，激发幼儿投掷的兴趣。

【游戏对象】

大班幼儿。

【游戏准备】

有提手的加厚塑料袋8个，小皮球8个。

【游戏方法】

方法1：教师在场地上画一条直线作为投掷线，然后把幼儿分成四组站于投掷线后，分给第一组每个幼儿一个塑料袋，要求他们跟随教师进行操作。教师要求第一组幼儿把小皮球放入塑料袋内，背向投掷方向。游戏开始，听到教师发出指令后，第一组幼儿双手分别握住塑料袋的两个提手，两臂伸直，然后经过头顶用力向身后抛出，看谁抛得远。完成后，他们要快速跑向自己的投掷物，取回交给第二组幼儿。如此反复进行练习。

方法2：游戏前组织方法同上。游戏开始，教师要求幼儿侧向站立，两臂伸直，把塑料袋移向远离投掷方向的身侧，然后经体前，以泼水的动作把球抛出。如此反复进行练习。

【指导与建议】

（1）每组完成后，由投掷者本人取回投掷物交给下一组幼儿。

（2）教师在指导时，应注意幼儿动作的协调性及投掷的合理角度。

（3）在场地的设计中，教师还可以在投掷线外拉一条长绳，绳子距离地面有一定高度，要求幼儿把投掷物抛过长绳，以保证投掷的效果。

（4）除以上方法外，还可提醒幼儿采用单手执物的方式进行操作，如单手肩下抛球、单手肩上掷球。

游戏10 送沙工地

【游戏目的】

借助塑料袋主题活动，锻炼幼儿的上肢力量及相互合作的能力。

【游戏对象】

大班幼儿。

【游戏准备】

可手提加厚塑料袋若干，沙子若干，小铲子4把，封闭的大塑料筐4个。

【游戏方法】

如图 2-9-2 所示，教师把幼儿分成四组，每组成横队站立在沙坑边，左右保持一定的间隔。教师要求每组排头幼儿手执小铲，第二名幼儿身边放若干塑料袋，在队尾放一个封闭的大塑料筐。游戏开始，听到教师发出指令后，排头幼儿用铲子铲沙，第二名幼儿双手执塑料袋装沙，装入一定数量后，第二名幼儿把装有沙子的塑料袋交给本组的下一个幼儿，依次传递下去，队尾的幼儿负责向塑料筐内倒沙。之后，每组第一名幼儿再取一塑料袋继续装沙，如此反复进行，看哪一组最先把大塑料筐装满。

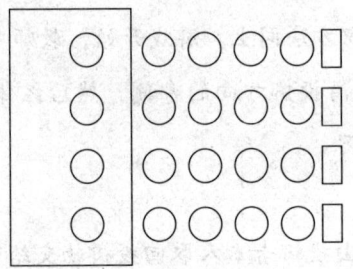

图 2-9-2

【指导与建议】

（1）提醒幼儿只能以传递的方式进行。

（2）若沙坑较大，此游戏可在沙坑内进行，也可以把传递的沙子堆成沙包。

（3）塑料袋内可装入的物品多种多样，如各种小玩具、土、书等。在夏天，也可以让幼儿在水池内装水进行游戏。

材料十　纸盒类

材料分析

盒子在生活、生产中，被广泛运用。盒子的大小不一，形状各异，材质各样。在幼儿园中，教师使用较多的是纸盒。它们多由一定硬度的纸板制成，有鞋盒、衣服盒、牛奶包装盒、化妆品包装盒等。

纸盒表现出多种功能和特点，在幼儿园体育活动中被广泛运用。它具有立体结构，长、宽、高分明，可用于幼儿的走、跑、跳等动作的练习；它可以与低结构材料进行组合，用于各种户外结构性游戏中，或者成为许多运动的辅助材料，如跳高、跨跳、变向跑等；它具有空间功能，可用于各种装载活动中；它具有一定的硬度，可用于各种拖拉的活动中；它具有较轻的重量，可用于幼儿各种精细动作的练习，或者水上漂流的活动中，等等。

教师应针对纸盒的特点进行更多的思考，以促进幼儿的动作及各种能力的发展。

纸盒类材料的功能、游戏名称及对应年龄分布表

材料功能	游戏名称	小班	中班	大班
促进走步能力发展	小货车	√		
	准确踏入	√		
	大脚板		√	
	挑盒走		√	
	你能搬几个			√

续表

材料功能	游戏名称	小班	中班	大班
促进投掷能力发展	小水滴	√		
	你摆我投			√
	抓蟑螂			√
促进建构能力发展	堆堆乐		√	
	小小建筑师		√	√

材料设计与实际运用 1——促进幼儿走步能力的发展

游戏1 小货车

【游戏目的】

借助鞋盒进行拖拉走的练习，提高幼儿行走的趣味性及对材料的控制能力。

【游戏对象】

小班幼儿。

【游戏准备】

组合材料若干（制作方法：把一根长约1米的短绳系在一个鞋盒的窄面上），各种毛绒玩具若干。

【游戏方法】

教师在场地上设置一些障碍物和可进行正面钻的器材，并且分给每个幼儿一个组合材料。此外，每个幼儿还可以在教师那里领取一个自己喜欢的毛绒玩具，把它放入鞋盒内。游戏开始，幼儿手拉短绳从教师指定的位置绕过障碍物，钻过各种器材，把毛绒玩具送到指定的地点。

【指导与建议】

（1）提醒幼儿注意前后的间隔，不要互相拥挤。

（2）教师在游戏前告诉幼儿行进的路线。

（3）提醒幼儿游戏过程中速度不要太快。

游戏2 准确踏入

【游戏目的】

（1）借助鞋盒进行走的练习，提高幼儿身体的平衡能力。

（2）把鞋盒按照不同的路线进行摆放，提高幼儿眼脚的协调能力。

【游戏对象】

小班幼儿。

【游戏准备】

鞋盒若干。

【游戏方法】

方法1：如图2-10-1所示，教师把去掉盖子的若干鞋盒盒口朝上，按一定的路线一个个连接在一起，可以不断变换摆放的方向。游戏开始，幼儿成一路纵队站于鞋盒的一端，依次出发，要求每一步都踩入连接的鞋盒内，直到全部走完。

方法2：如图2-10-2所示，教师把去掉盖子的若干鞋盒盒口朝上，按两条直线平行摆放，中间间隔30厘米左右的距离。游戏开始，幼儿成一路纵队站于鞋盒的一端，依次出发，要求左脚踏入左侧的鞋盒内，右脚踏入右侧的鞋盒内，成开步走的方式走至终点。

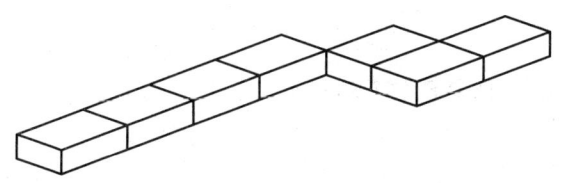

图2-10-1

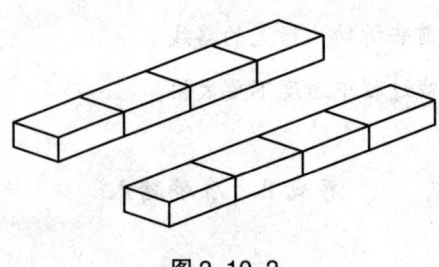

图 2-10-2

方法 3：教师在场地内随机摆放一定数量的鞋盒，并且鞋盒之间间隔 20～30 厘米。游戏开始，全体幼儿一起进入场地内，要求每一步都走在鞋盒内，但要做到相互礼让、不碰撞。

【指导与建议】

（1）方法 1 和方法 2 中，教师应注意控制幼儿前后的间隔。

（2）方法 3 中，教师在游戏前应提醒幼儿不要踢动鞋盒。

（3）鞋盒的样式和摆放方式多种多样，教师应该根据游戏的需要进行设计。比如，可以选择成人鞋盒、幼儿鞋盒、高度较低的鞋盒及高度较高的鞋盒等；可以设计直线走、跨步走、弧形及圆形走、四散变向走等。

游戏 3 大脚板

【游戏目的】

借助鞋盒进行走的练习，发展幼儿的大腿力量及身体的平衡能力。

【游戏对象】

中班幼儿。

【游戏准备】

相同大小的儿童鞋盒 8 个（无盖子）。

【游戏方法】

教师把幼儿分成四组，要求他们成纵队站于起跑线上，每组两个鞋盒。各组幼儿间保持一定的距离，起点至终点约 5 米。游戏开始，听到教师发出指令后，排头幼儿分别把双脚踩入两个鞋盒内，用双脚带动鞋盒向前行进，绕过终点返回，把鞋盒交给第二个幼儿。如此反复进行，看哪一组最先完成。

【指导与建议】

（1）提醒幼儿走动过程中，双脚应始终保持在鞋盒内。

（2）教师在游戏前应让幼儿多练习，让他们学会控制重心。

游戏4 挑盒走

【游戏目的】

（1）借助鞋盒进行物品的控制，提高幼儿平衡走的能力。

（2）在合作中提高游戏的难度，增强幼儿两人间的协同能力。

【游戏对象】

中班幼儿。

【游戏准备】

无盖鞋盒若干，短木棒若干。

【游戏方法】

方法1：挑灯笼。教师把幼儿分成四组成纵队站于起点处，起点至终点约10米。每组一个鞋盒，排头幼儿手执一根短木棒。游戏开始，排头幼儿用短木棒的一端挑起鞋盒至胸前位置，然后快步走向终点并返回，把短木棒交给本组的第二个幼儿，第二个幼儿同第一个幼儿一样进行操作。幼儿依次进行，看哪一组最先完成。

方法2：耍狮子。教师把幼儿分成四组成纵队站于起点处，起点至终点约10米。教师把两根短木棒交给每组。游戏开始，每组前两名幼儿分别执一根短木棒同时挑起鞋盒，要求把鞋盒挑在两人的头顶位置。之后，两人一同向前走至终点，返回后交给后两名幼儿。如此反复进行，看哪一组最先完成。

【指导与建议】

（1）告诉幼儿如果鞋盒在途中掉落，必须挑起后才能继续进行。

（2）提醒幼儿挑起鞋盒后，手不能碰到鞋盒。

（3）方法2中，教师应让幼儿有更多练习的机会。此游戏也适用于大班幼儿。

游戏5 你能搬几个

【游戏目的】

（1）借助鞋盒进行物品的控制，提高幼儿平衡走的能力。

（2）通过极限挑战，增强幼儿游戏的趣味性。

【游戏对象】

大班幼儿。

【游戏准备】

有盖鞋盒20个，大塑料筐2个。

【游戏方法】

教师把幼儿分成人数相等的两组成纵队站立，两组间隔6米左右的距离面对面站立。每组排头位置各放一个大塑料筐，里面有10个鞋盒。游戏开始，听到教师发出指令后，两组排头幼儿在后面幼儿的帮助下，尽可能用双手多搬鞋盒，数量不限。然后走向对面一组的排头处，到达后，把手里的鞋盒放入对面一组的大塑料筐内，之后跑回本组，触碰本组第二个幼儿。之后，第二个幼儿同第一个幼儿一样进行操作。如此反复进行，看哪一组塑料筐内的鞋盒多，多者为失败的一方。

【指导与建议】

（1）在排头幼儿开始搬鞋盒时，允许本组其他幼儿帮忙。

（2）行进中如果鞋盒掉下，幼儿只能在回来的路上拾起放到本组的大塑料筐内，不允许再放到对面一组的大塑料筐内。

（3）游戏的规则相对复杂，因此教师在组织活动时应让幼儿多次操作，不断熟悉游戏的过程。

材料设计与实际运用 2——促进幼儿投掷能力的发展

游戏 6 小水滴

【游戏目的】

（1）设计各种情境让幼儿进行投掷的练习，发展幼儿身体的协调能力。

（2）锻炼幼儿的上肢及腰腹部力量。

【游戏对象】

中班幼儿。

【游戏准备】

无盖鞋盒 30 个，海洋球 30 个。

【游戏方法】

方法 1：小水滴的旋转。每个幼儿一个鞋盒和一个海洋球，四散站在教师的身边，前后左右保持一定的间隔。游戏开始，教师要求幼儿把海洋球放入鞋盒内，双手平握鞋盒两侧双臂轻轻摇动，使海洋球在鞋盒内不断地转动起来。

方法 2：下雨了。游戏前组织方法同上。游戏开始，听到教师发出指令"下雨了"，幼儿一起手执鞋盒把海洋球垂直抛向空中。如此反复进行练习。

方法 3：泼水。每个幼儿手执一个鞋盒，在鞋盒内放入一个海洋球。教师把全体幼儿分成四组成横队面向墙壁站于同一直线上，左右幼儿间保持一定的距离。游戏开始，第一组每个幼儿双手执盒，用泼水的动作把盒内的海洋球抛向墙壁，然后快速拾回海洋球。之后，第二组幼儿进行。如此反复进行练习。

【指导与建议】

（1）方法 1 中，提醒幼儿转动的力量不要太大，尽可能不要把海洋球抛出来。

（2）方法 2 中，提醒幼儿抛出球后迅速把鞋盒顶在头顶上；要注意前后左右幼儿的距离，提醒他们不要相互碰撞。

（3）方法2中，也可以让幼儿先练习把海洋球轻轻抛起，再努力用鞋盒接住。

（4）方法3中，教师应注意控制幼儿与墙壁之间的距离，尽可能让每个幼儿抛出的海洋球都能打在墙壁上。

游戏7 你摆我投

【游戏目的】

（1）通过鞋盒进行对抗性游戏，提高幼儿投掷的准确性。

（2）提高幼儿自主性游戏的趣味性。

【游戏对象】

大班幼儿。

【游戏准备】

鞋盒4个，沙包1个。

【游戏方法】

两个幼儿为一组进行鞋盒对抗赛。两人猜拳决出输赢，输的一方如图2-10-3所示堆放鞋盒，即下面平放三个，上面立起一个。赢的一方手执沙包，间隔鞋盒3米左右的距离进行投掷，若能打到最上面的鞋盒，输的一方继续摆放鞋盒，赢的一方继续投掷；若未打中，则两人交换角色。如此反复进行游戏。

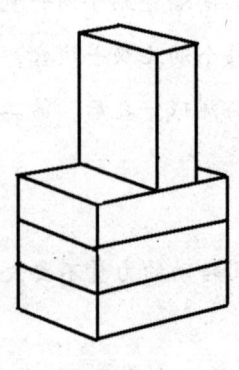

图2-10-3

【指导与建议】

（1）鼓励幼儿投掷时可采用各种动作进行。

（2）在距离鞋盒3米处，画一条线作为投掷点。

（3）游戏过程中，教师可根据幼儿的能力，指导幼儿进行鞋盒的各种摆放。若幼儿的能力较弱，应引导他们把多个鞋盒平放在一起，扩大目标面积，便于幼儿打中目标；若幼儿的能力较强，则减少鞋盒的数量。

游戏8　抓蟑螂

【游戏目的】

（1）通过自主性游戏，提高幼儿控制材料的能力及手臂摆动的速度。

（2）发展幼儿抛滚球的能力及手眼协调能力。

【游戏对象】

大班幼儿。

【游戏准备】

室内光滑的地面，无盖鞋盒2个，纸球1个。

【游戏方法】

两名幼儿面对面站立，间隔3～4米，每人手执一个鞋盒，其中一名幼儿再手执一个纸球。游戏开始，执纸球的幼儿把纸球沿地面向对方抛滚过去，对面幼儿用双手执鞋盒，让盒口朝下，尽力扣住滚过来的纸球。两人间不断交换角色，反复游戏。

【指导与建议】

（1）此游戏多用于幼儿的自主活动中。

（2）要求幼儿两人间相互配合，抛球幼儿尽可能抛得准，扣球幼儿身体重心尽可能向下，反应要快。

（3）也可以使用其他材料代替纸球，比如，在室内时，可用积木等小材料；在室外时，可用小皮球等。

（4）此游戏也可用于有组织的集体活动中。方法如下：如图2-10-4所示,教师把幼儿分成两组,让他们站在场地的两个方框内,中间间隔3米左右。一组幼儿每人手执一个纸球和一个鞋盒,另一组幼儿每人手执一个鞋盒。听到教师发出指令后,执球幼儿把纸球抛滚向对方,球必须在区域内才有效。对面幼儿用鞋盒扣住来球,若有一球穿过了所有扣球的幼儿,执球的幼儿即得一分。教师应指导扣球的幼儿分成几层进行防守。如此反复进行游戏。

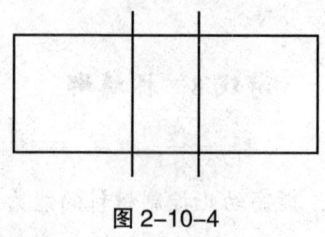

图 2-10-4

材料设计与实际运用 3——促进幼儿建构能力的发展

游戏 9 堆堆乐

【游戏目的】

(1)结合各种鞋盒进行堆高的游戏,提高幼儿对材料的认识与基本的建构能力。

(2)结合生活情境,提高幼儿生活中的整理能力。

【游戏对象】

中班幼儿。

【游戏准备】

各种大小不一的有盖鞋盒若干,大纸箱2个。

【游戏方法】

方法1:教师把8名幼儿分成两组,同时在地面上画出两个边长为40厘米的正方形。游戏开始,教师要求两组幼儿分别在指定的正方形内自由选择鞋盒进行堆放，看看哪一组堆得高。

方法 2：教师把 8 名幼儿分成两组，给每组幼儿提供一个大纸箱，并要求幼儿把大纸箱的开口朝一侧方向放于地面上。游戏开始，每组幼儿把各种大小不同的鞋盒整齐地摆放在本组的大纸箱内，看看哪一组放入得多。

【指导与建议】

（1）方法 1 中，若幼儿有需要，教师还可提供一定数量的轮胎，辅助幼儿堆得更高。

（2）方法 2 中，鼓励幼儿采用爬行的方式进出纸箱。

（3）要求幼儿之间相互配合，共同完成游戏任务。

游戏 10　小小建筑师

【游戏目的】

（1）通过自主性游戏，提高幼儿控制材料的能力及手臂摆动的速度。

（2）发展幼儿抛滚球的能力及手眼协调能力。

【游戏对象】

中大班幼儿。

【游戏准备】

大小相同的无盖鞋盒若干。

【游戏方法】

方法 1：架小桥。教师在地面画一条直线，然后每隔一定距离画出一个鞋盒的底样，要求幼儿按照教师提供的底样，把鞋盒依次口朝下放入其中，并如图 2-10-5 所示，把一个个鞋盒有序地架在上面，形成一个拱形的小桥。教师根据幼儿操作的情况，可不断增加鞋盒的底样，使桥梁逐渐变长。

方法 2：建城堡。如图 2-10-6 所示，教师在地面上画出底样形成一个圆形，要求幼儿把一个个鞋盒放入底样中形成第一层，然后在每两个鞋盒间不断架上鞋盒形成第二层，如此反复进行直至最后形成一个镂空的城堡。

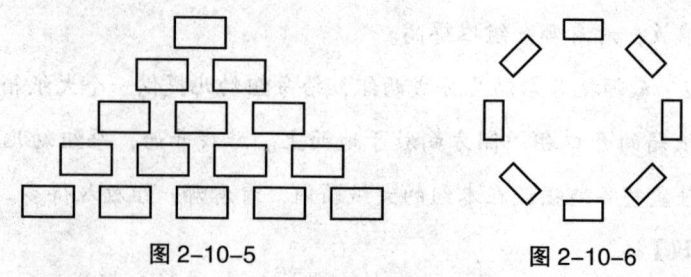

图 2-10-5　　　　　　　　图 2-10-6

方法3：建高塔。如图 2-10-7 至图 2-10-9 所示，教师在地面上画出几种不同的底样，要求幼儿按照底样不断堆高。在堆高时，每增加一层，鞋盒都必须架在下一层两个鞋盒之间，从而形成不同样式的高塔。最后，看看哪一组堆得又高又漂亮。

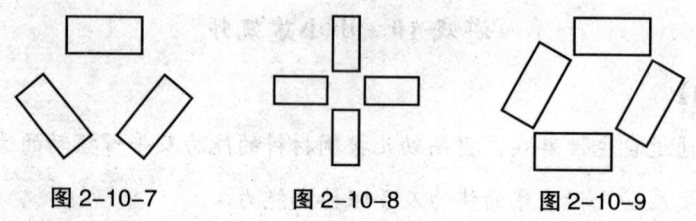

图 2-10-7　　　　　图 2-10-8　　　　　图 2-10-9

【指导与建议】

（1）提醒幼儿间进行分工与合作，不相互争抢。

（2）在方法2与方法3中，教师可指导幼儿不断变化每一层鞋盒之间的距离，从而形成更多样化的设计。比如，方法2中，每增加一层，就缩小鞋盒之间的距离，同时把鞋盒向内侧移一点。

（3）搭建活动，对于幼儿空间概念的形成及精细动作的发展有一定的帮助。教师在组织此类活动时，应注意将原材料远离搭建的地方，以增加幼儿往返跑动的机会。

（4）此游戏也可采用各种低结构材料进行。

材料十一 椅子

材料分析

椅子常被用于幼儿园的各种体育活动中。就其特性而言，椅子具有一定的重量和空间，能承受多名幼儿身体的重量，可形成一定的活动区域等。

根据不同的特性，椅子具有不同的功能。比如，单个幼儿既可以利用单把椅子进行平衡性、灵敏性、柔韧性及身体技巧等方面的练习，也可进行各种走、跑、跳、钻、爬等基本动作方面的练习。此外，幼儿还可以把一定数量的椅子进行摆放以形成各种空间，进行活动。

椅子的功能、游戏名称及对应年龄分布表

材料功能	游戏名称	小班	中班	大班
促进基本动作和能力发展	小小运动员		√	√
促进走步能力发展	跨栏		√	
	悬崖上的技巧			√
促进跑步能力发展	快速反应		√	
	换位跑			√
增强身体力量	我摆你跨			√

材料设计与实际运用 1——促进幼儿基本动作和能力的发展

游戏 1　小小运动员

【游戏目的】

（1）利用椅子进行各种身体的练习，促进幼儿基本动作的发展。

（2）增强幼儿身体的柔韧性、力量及平衡能力。

【游戏对象】

中大班幼儿。

【游戏准备】

椅子若干。按照图 2-11-1 所示，教师在场地上把椅子摆成四路纵队，将示范用的椅子放在中间两路纵队之间，且椅子间保持一定的间隔。

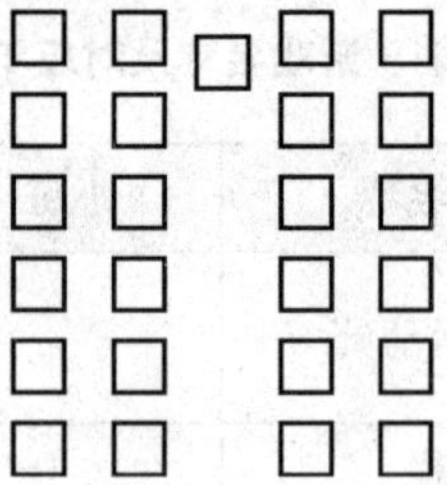

图 2-11-1

【游戏方法】

方法 1：肩关节柔韧性练习。幼儿站在椅子后面，双手扶住椅背，手臂伸直，身体前屈，手臂及背部保持在一条直线上，双腿伸直，然后双臂有节奏地向下振动。

方法 2：体侧柔韧性练习。幼儿侧身站在椅子后面，双脚稍靠近椅子，单手扶住椅背，身体成侧向，手臂伸直，身体向椅子方向做侧屈运动。一定次数后，做相反方向的练习。

方法 3：下肢柔韧性练习。幼儿站在椅子前面，把一只脚放在椅面上进行压腿的练习，也可尝试把脚放在椅背上进行压腿的练习。

方法4：摆腿练习。幼儿站在椅子后面，单手扶住椅背，身体成侧向，手臂伸直，单脚独立，让悬空腿进行前后摆动。

方法5：劈叉练习。幼儿面向椅背坐在椅子上，双手扶住椅背，两腿成劈叉状向两侧远端伸直。

方法6：团身练习。幼儿正坐在椅子上，双手向后抓牢椅背两侧，两腿并拢向前伸直。之后，按照教师的要求做团身动作，即背靠椅背，收拢双腿成团身状。如此反复进行伸腿与收腿的练习。

方法7：摆动腿练习。幼儿正坐在椅子上，双手向后抓牢椅背两侧，两腿并拢向前伸直。完成后，教师要求幼儿把双腿抬高，两腿依次上下交替摆动，也可进行双脚相互拍击的练习。练习中，教师可以要求幼儿不断增大双腿摆动的幅度。

方法8：腹背部力量练习。幼儿平卧在椅面上，腹背部与椅面接触，其他身体部位悬空，身体尽可能伸直，然后模仿教师进行自由泳和蛙泳的动作练习。

方法9：腰背部力量练习。幼儿平躺在椅面上，腰背部与椅子接触，其他身体部位悬空，然后模仿教师进行仰泳的动作练习。

方法10：燕式平衡。幼儿站在椅子后面，双手扶住椅面，双臂伸直，腹部压在椅背的上沿处，抬起双腿，使身体伸直。

方法11：单腿独立。幼儿站在椅面上，身体保持直立。教师要求幼儿两臂侧平举，单脚独立，一定时间后，按另一只脚站立。

方法12：分腿跳跃。幼儿站在椅面上面向椅背，跳跃时，要求双腿分开，分别从椅背两侧绕过；落地时，两脚尽可能并拢。

【指导与建议】

以上练习方法中，主要让幼儿借助于椅子的高低位置进行身体各部位的练习。教师在指导时，应注意练习节奏的控制，要由慢到快，由小幅度到大幅度等。此游戏既可让幼儿单独进行操作，也可应用于各种体育活动前的热身活动中。

材料设计与实际运用 2——促进幼儿走步能力的发展

游戏 2　跨栏

【游戏目的】

（1）利用椅子进行跨走的练习，促进幼儿的下肢力量及柔韧性的发展。

（2）提高幼儿身体的控制能力。

【游戏对象】

中班幼儿。

【游戏准备】

椅子 12 把。

【游戏方法】

方法 1：教师把全部椅子成一路纵队放于场地上，并如图 2-11-2 所示，将所有椅子侧向放置。然后，要求全体幼儿站在全部椅子的一端，然后一个跟着一个跨过每个椅背向前行进。如此反复进行练习。

方法 2：如图 2-11-3 所示，教师把 12 把椅子放正且并拢在一起。要求每隔一把椅子坐一名幼儿，其他幼儿从椅子的一端开始走上椅子，并不断跨过坐着的幼儿的双腿向前行进。如此反复进行练习。

方法 3：如图 2-11-4 所示，教师将全部椅子一正、一侧并拢在一起。幼儿成一路纵队依次从椅子的一端开始，不断跨过椅背向前行进。如此反复进行练习。

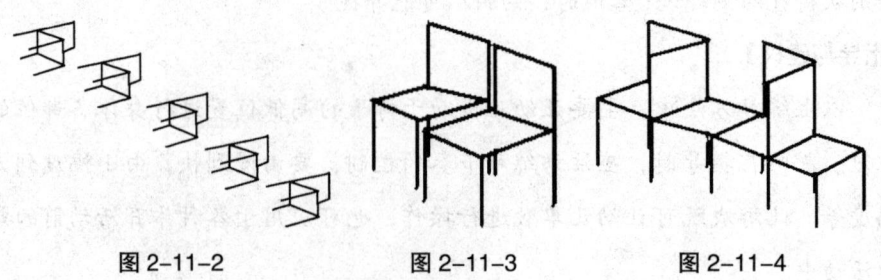

图 2-11-2　　　　　图 2-11-3　　　　　图 2-11-4

【指导与建议】

（1）方法1中，教师可以不断缩小椅子之间的距离，以增加连续跨跃障碍的难度。

（2）方法2和方法3中，教师可适当增加椅子之间的距离，以增加跨跃障碍的难度。

（3）跨步行走主要表现在跨跃高度及宽度上，教师利用椅子一方面可以锻炼幼儿身体的控制能力、平衡能力，另一方面可以提高幼儿的胆量及身体的协调能力。

（4）让幼儿进行跨步行走，既可以利用椅子本身进行设置，也可以在椅子上放置各种较大的物品进行设置。

游戏3 悬崖上的技巧

【游戏目的】

利用椅子进行绕走的练习，增强幼儿身体的控制力及平衡能力。

【游戏对象】

大班幼儿。

【游戏准备】

椅子12把。

【游戏方法】

教师把全部椅子如图2-11-5所示并拢在一起，然后把幼儿分成两组站在

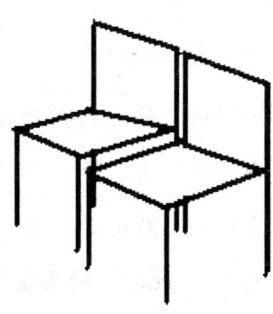

图2-11-5

椅子的两端。游戏开始，教师要求两组排头幼儿分别从椅子的两端同时走上去。两人面对面行进，当相遇时，要相互帮助绕过对方，使自己不掉下椅子。一组完成后，另一组接着进行，如此反复进行练习。

【指导与建议】

（1）要求幼儿相遇后要相互配合绕过对方，不允许相互推挤。

（2）在幼儿较为熟练的情况下，教师可以让更多的幼儿从椅子两端同时出发，提高幼儿练习的密度和难度。

（3）除以上方法外，教师还可以把椅子间隔一定距离摆放，让幼儿在上面行走；或者把椅子侧向放倒，让幼儿在上面行走等。

材料设计与实际运用——促进幼儿跑步能力的发展

游戏 4　快速反应

【游戏目的】

利用单把椅子进行身体的换位跑，提高幼儿听信号及看信号快速反应的能力。

【游戏对象】

中班幼儿。

【游戏准备】

椅子若干。

【游戏方法】

教师带领幼儿把椅子以四列横队的方式摆放在场地上，椅子与椅子之间保持一定的距离。每个幼儿坐在椅子上，要求听从教师的指令行动。教师示范并要求："躲到椅子后面去。"此时，幼儿需要快速起身跑到椅子后面藏起来。教师示范并要求："坐到椅子上来。"此时，幼儿需要快速从椅子后面跑到椅子前面坐下。教师示范并要求："到这边，双手扶住椅子。"此时，幼儿需要跑到椅子的侧面,身体前屈,双手扶住椅面。之后,教师还可以示范并要求:"绕着椅子跑一圈,坐下来。"就这样,幼儿按照教师的要求进行操作。

【指导与建议】

(1) 要求幼儿听从教师的指令,快速地做出正确的反应。

(2) 引导幼儿以单把椅子作为障碍物,借助椅子的四个方位进行灵敏性练习。此外,也可让幼儿进行其他各种动作的练习,如走、跳、钻、爬等。

(3) 此游戏也可进一步扩大到多把椅子的练习。比如,前后左右的幼儿进行位置的互换;教师借助所有椅子,让幼儿进行走、跑、跳的练习等。

游戏5 换位跑

【游戏目的】

(1) 利用椅子进行有序换位,提高幼儿快速跑动的能力。

(2) 提高幼儿听信号及看信号做出反应的能力。

【游戏对象】

大班幼儿。

【游戏准备】

椅子24把。

【游戏方法】

如图2-11-6所示,教师把椅子排成四排,排与排之间保持一定的距离,左右椅子之间间隔半米左右。教师把幼儿分成四组,每个幼儿坐在一把椅子上。游戏开始,听到教师发出指令"换位"后,每组排头椅子上的幼儿快速站起跑向排尾最后一把椅子,各组其他幼儿快速起身,坐到自己一组前面的一把椅子上。当排头幼儿坐到最后一把椅子上,大声喊"到"时,坐在排头椅子上的幼儿才能起身向后跑。如此反复进行,当所有幼儿都坐到最开始的椅子上时,游戏结束。看哪一组最先完成。

图2-11-6

【指导与建议】

（1）提醒排头幼儿只有听到"到"的声音后，才能向后跑动。排头幼儿站起来后，后面的幼儿才能向前换位。

（2）在组织活动时，应让幼儿逐步理解规则。

（3）此游戏也可增加一些小材料进行辅助。比如，每组排头幼儿手执一根小棒，当跑到最后一把椅子坐下后，快速向前传递小棒，当小棒传到最前面一名幼儿时，此幼儿才能开始行动。

材料设计与实际运用4——增强幼儿的身体力量

游戏6　我摆你跨

【游戏目的】

（1）利用椅子进行平衡走及力量的练习，增强幼儿的身体力量及控制能力。

（2）通过两人间的配合，提高幼儿的合作意识。

【游戏对象】

大班幼儿。

【游戏准备】

小椅子4把。

【游戏方法】

如图 2-11-7 所示,教师把全体幼儿分成两队,两队间进行比赛。每队分成两组,两组间隔 10 米左右面对面站立。教师在每队的一组排头处放两把小椅子。游戏开始,排头幼儿首先踩上一把椅子,此组第二名幼儿快速把另一把椅子摆放到排头幼儿前进的方向上,摆好后,排头幼儿踩上去,摆放椅子的幼儿再把空出来的椅子摆放到排头幼儿前进的方向上,排头幼儿再次踩上去,如此反复进行,直至走到对面一组,对面一组的前两名幼儿进行相同的操作。当全体幼儿都操作一遍后,游戏结束。看看哪一队最先完成。

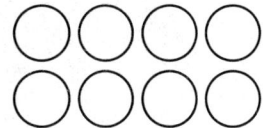 

图 2-11-7

【指导与建议】

(1) 要求摆放椅子的幼儿不要把椅子摆得太远。

(2) 游戏前应要求幼儿进行自主练习。

(3) 当幼儿对游戏较为熟练后,教师可不断增加人数,以增加游戏的难度。比如,把幼儿分成五人一组进行游戏。教师为每组提供 6 把椅子,要求幼儿把椅子并排连成一条直线。每个幼儿各站在一把椅子上,多出来的一把椅子则被放在排尾。游戏开始后,排尾幼儿抓住椅背,把椅子交给前面一名幼儿,依次向前传递,直至排头。排头幼儿把传递来的椅子并在最前面成一条直线。所有幼儿向排头移动一步换一把椅子站立,完成后,排尾幼儿再次把多出来的椅子向前进行传递。如此反复进行游戏,使整个队伍不断踩着椅子向前行进。

万千教育 学前教育类书目

书号	书名	著、译者	定价(元)
幼儿园教师教学技能与活动指导			
2253	理解儿童心理从绘画开始（全彩）	陈侃 著	38.00
0760	幼儿园备课·说课·听课·评课	俞春晓 等著	42.00
8598	幼儿园集体教学活动设计方法与实例	俞春晓 著	28.00
9499	幼儿教师必须修炼的10项教学技能	俞春晓 著	25.00
9454	幼儿园教学诊断技巧与对策58例	王春燕 等著	38.00
1799	幼儿园电影主题活动创意设计（全彩）	王微丽 等主编	72.00
9612	幼儿园综合主题活动——设计技巧与优秀案例	赵旭莹 等主编	42.00
1235	幼儿园绘本美术活动创意设计（全彩）	郭莉萍 赵福云 主编	68.00
9323	幼儿园美术活动创意设计（全彩）	罗梅 赵福云 主编	56.00
0180	给幼儿教师和家长的81条美术教育建议（全彩）	李力加 著	62.00
9150	幼儿园节日活动精彩设计方案	刘洪霞 主编	35.00
9590	幼儿园语言活动创新设计	郭咏梅 著	32.00
0157	幼儿园优秀语言活动设计70例	郭咏梅 主编	26.00

0453	幼儿园优秀体育活动设计99例	朱　清　侯金萍　主编	45.00
9892	幼儿园优秀美术活动设计99例（全彩）	陈学群　余　晖　主编	58.00
9591	幼儿园优秀健康活动设计80例	范惠静　主编	38.00
9439	幼儿园优秀社会活动设计65例	伍香平　主编	25.00
9385	幼儿园优秀科学活动设计88例	董旭花　主编	35.00
9951	幼儿园科学探究故事20例	王明珠　主编	40.00
幼儿园教师教学技能与活动指导合计			**805.00**
幼儿园区域活动指导			
1935	幼儿园户外环境创设与活动指导（全彩）	董旭花　等　著	72.00
2103	幼儿园社会区材料设计与评价（四色）	王微丽　霍力岩　主编	60.00
1950	幼儿园科学区材料设计与评价（全彩）	王微丽　霍力岩　主编	60.00
1951	幼儿园生活区材料设计与评价（全彩）	王微丽　霍力岩　主编	60.00
1782	幼儿园数学区材料设计与评价（全彩）	王微丽　霍力岩　主编	60.00
1800	幼儿园语言区材料设计与评价（全彩）	王微丽　霍力岩　主编	60.00
2598	幼儿园艺术区材料设计与评价（全彩）	王微丽　霍力岩　主编	60.00
9613	幼儿园区域活动 ——环境创设与活动设计方法（全彩）	王微丽　主编	60.00
9149	小区域，大学问 ——幼儿园区域环境创设与活动指导	董旭花　等　著	30.00
9548	幼儿园创造性游戏区域活动指导 （角色区·建构区·表演区）	董旭花　等　编著	32.00
9549	幼儿园自主性学习区域活动指导 （生活操作区·美工区·益智区·科学区）	董旭花　等　编著	35.00

0156	幼儿园区域活动现场指导艺术——透视38个区域故事	董旭花 等 著	38.00
9134	如何有效实施幼儿园主题性区域活动	秦元东 等 著	24.00
7937	幼儿园科学区（室）——科学探索活动指导117例	董旭花 主编	28.00
幼儿园区域活动指导合计			679.00
幼儿园园所管理			
2102	破解幼儿园园长的50个管理难题	苏晓芬 等 著	48.00
1784	幼儿园危机管理策略与实例	周丛笑 等 编著	52.00
1596	幼儿园安全管理策略	张春炬 李芳 主编	42.00
0039	园本培训促进幼儿教师专业发展	晏红 著	32.00
9883	幼儿园教研活动设计与实施	莫源秋 著	32.00
9620	幼儿园保育员工作指南	伍香平 等 主编	20.00
9438	幼儿园园长的领导艺术	任民 李迎春 著	32.00
9006	幼儿园园长临场应变技巧50例	卢俊 著	20.00
9012	幼儿园园长易犯的80个错误	伍香平 主编	25.00
幼儿园园所管理合计			303.00
幼儿行为观察与应对指导			
2308	0—8岁儿童纪律教育——给教师和家长的心理学建议（第七版）	蔡菡 译	72.00
9138	幼儿行为的观察与记录（第五版）	马燕 等 译	32.00
2045	幼儿问题行为的识别与应对——给家长的心理学建议（第二版）	冯夏婷 主编	58.00

编号	书名	作者	价格
7797	幼儿问题行为的识别与应对（教师篇）（第6版）	王玲艳 等 译	38.00
1262	幼儿活动档案记录与解读（第二版）	马 燕 等 译	46.00
幼儿行为观察与应对指导合计			246.00
幼儿园家长工作指导			
2345	幼儿成长揭秘——常见问题分析与家园共育策略	王普华 等 著	48.00
1934	幼儿教师与家长沟通之道（第二版）	晏 红 著	46.00
364	幼儿园家长工作技能与艺术	莫源秋 编著	45.00
806	破解家园沟通的44个难题	胡剑红 主编	35.00
9610	幼儿教师的家长工作技巧	张春炬 主编	34.00
9592	幼儿园家长开放日活动设计与实践指导	卢筱红 主编	25.00
9322	幼儿园家庭教育指导形式与方法	晏 红 著	34.00
幼儿园家长工作指导合计			267.00
幼儿园教师教育技能与活动指导			
2096	让幼儿都爱听你说（第二版）	马希武 等 译	36.00
1707	有力的师幼互动	王连江 译	36.00
9903	幼儿教师与幼儿有效互动策略	莫源秋 等 编著	35.00
1197	幼儿教育中的心理效应	莫源秋 等 编著	32.00
9950	让幼儿都爱听你说——幼儿教师说话的艺术	马希武 等 译	20.00
8953	幼儿教师实用教育教学技能	莫源秋 等 著	30.00

编号	书名	作者	定价
784	幼儿教师必须掌握的教育技巧	莫源秋 著	35.00
193	跟蒙台梭利学做快乐的幼儿教师	刘 文 主编	58.00
2599	做幼儿喜爱的魅力教师（第二版）	莫源秋 著	48.00
7303	老师，你在听吗?——幼儿教育活动中的师幼对话	汪寒鹭 等 译	28.00
幼儿园教师教育技能与活动指导合计			358.00
幼儿心理与发展指导			
2205	幼儿行为管理的方法与策略	莫源秋 著	46.00
1779	幼儿情绪管理的方法与策略	莫源秋 著	48.00
9496	透视幼儿心理世界——给幼儿教师和家长的心理学建议	冯夏婷 主编	36.00
0783	透视0—3岁婴幼儿心理世界——给教师和家长的心理学建议	冯夏婷 主编	38.00
0183	幼儿常见心理行为问题：诊断与教育	莫源秋 著	38.00
6608	幼儿心理健康教育	刘 文 编著	25.00
幼儿心理与发展指导合计			231.00
幼儿园一日活动设计指导系列			
9952	幼儿园一日生活过渡环节的组织策略	吴文艳 主编	28.00
8469	幼儿园一日生活环节的组织策略	宋文霞 等 主编	36.00
9531	幼儿园一日活动教育细节69例	王明珠 主编	28.00
0158	幼儿园大型活动组织与策划手册	李春玲 著	35.00
幼儿园一日活动设计指导系列合计			127.00

幼儿园教师专业成长指导

编号	书名	作者	价格
2113	做会沟通的幼儿教师	胡剑红 等 主编	38.00
2236	幼儿园文案撰写规范与技巧	刘 敏 等 著	52.00
2311	幼儿园探究性环境创设（四色）	康 丹 等 译	48.00
2056	小脑袋，大问题（四色）	孟 晨 译	48.00
2309	破解幼儿园教师的90个工作难题	杜长娥 徐 钧 主编	52.00
2112	幼儿园优质教研活动设计方案	朱 清 等 著	38.00
1781	给青年幼儿教师的建议	吴邵萍 著	40.00
8470	答新手幼儿教师120问	刘洪霞 主编	28.00
1798	幼儿园新手教师指导手册	王 芳 等 著	48.00
1783	从新手到骨干——幼儿教师专业成长故事	尹坚勤 编著	42.00
1780	幼儿教师追求幸福的方法	余胜兰 著	42.00
9111	做个幸福快乐的幼儿教师 ——为你的专业成长支招	莫源秋 著	28.00
9047	幼儿教师临场应变技巧60例	冯伟群 著	25.00
8930	幼儿教师易犯的150个错误	伍香平 编著	32.00
0070	幼儿教师必知的礼仪规范	向多佳 编著	38.00
9611	幼儿园教师必知的60条教育政策与法规	洪秀敏 编著	34.00

……
欲了解更多图书信息，请登录：www.wqedu.com
联系地址：北京市西城区三里河路6号院2号楼213室　万千教育
咨询电话：010-65181109，65262933
*本目录定价如有错误或变动，以实际出书为准。